U0014816

影響力投資

不只行善，還能致富，用你的投資改變世界

IMPACT INVESTING
Do Well by Doing Good

吳道揆 著

目錄

Part 1　案例篇——影響力無所不在

Part 2　夥伴篇──協力打造共好的投資環境

為社會的進步，
盡一份向上的力量

中華公司治理協會理事　王淮

一位「從公司治理看全球責任投資新趨勢」圓桌論壇的講員，與一位「深信事業經營可以兼顧財務利潤及社會意義」的投資專業人士，促成了我國第一本探討「影響力投資」的專書。

圓桌論壇講員，是時任中華公司治理協會（以下簡稱本協會）理事長的劉文正先生；投資專業人士，是活躍於美國、台灣、中國大陸商場，並潛心研究「影響力投資」的吳道揆先生。

吳先生在參加論壇之後，於2019年8月的一個早上來本協會，跟時任理事長的劉文正先生暢談「影響力投資」——這個被全球影響力投資聯盟（Global Impact Investing Network,

GIIN）定義為「以獲得財務回報的同時，並對社會和環境產生正面且可衡量的影響力為目標的投資」的熱門議題。

　　一方是長期推動台灣社會重視公司治理的民間組織領導人，一方則放下擁有過的商場頭銜、並謙稱自己為「影響力投資研究員」。雙方洽談甚歡，決定攜手合作出版一本介紹影響力投資國際案例的專書，共同為這個社會的進步盡一份向上的力量。

　　當時我身為本協會祕書長，不敢怠慢，隨即給自己設定半年內要完成專書出版的目標。先是幸運地找到長期一起推動責任投資（Responsible Investment）的合作夥伴安本標準投信（Aberdeen Standard Investments），邀請成為本書的共同出版者。同時遵循本協會治理規範，將本計畫提送企業永續發展委員會，取得朱竹元主任委員及其他委員的支持與祝福。吳先生也馬上閉關，自費雇請兩位優秀的政大碩士班同學作為研究助理，開始一段焚膏繼晷、埋頭寫稿的日子。我則抽調本協會對編輯校稿經驗豐富的柯孟瑜主任擔任PM，作為回報。

　　出版過程歷經吳先生湧泉般的驚人寫稿速度、書中案例插圖不易取得授權的失望、出版規劃觀念發生歧異的磨合……終於在我當初大膽設定的半年出書期限內完成印刷，並且獲得多位廣受尊敬的專業人士肯定，或親自為序，或具名推薦。

　　影響力投資所倡議的，就如同吳先生為本書書名所下的副

標題「行善致富」——在享受財務回報的同時，並對社會和環境產生正面的影響力。

　　本協會於2002年3月成立以來，在歷任理事長的帶領之下，結合產、官、學界先進的知識與經驗，在台灣公司治理最佳實務的道路上，矢志扮演好專業民間非營利團體的角色。回顧十多年來，我國社會逐步接觸並學習，以至於擁抱公司治理、企業社會責任、環境永續、責任投資、影響力投資等國際趨勢。本協會針對這本書的出版投入相當大的資源，再次表明本協會為這個社會的進步，盡一份向上力量的自我期許。

「無奸不成商」過時且錯誤，賺錢不必犧牲良心

國立政治大學商學院信義書院執行長　別蓮蒂

　　本書第一章從介紹一家社會企業（或稱影響力企業）開始，告訴大家以企業和市場的力量解決社會問題的成效，可以遠超過政府或慈善捐贈。d.light太陽能LED燈的故事，也帶出本書的主軸「影響力投資」。作者接著以一個又一個的例子，讓我們看到世界各地有善心的創業家，是如何運用經營管理的思維，以商業模式解決社會問題，並靠著企業營運的獲利得以永續解決問題。

　　本書後半直指：做好事也可以賺大錢，做好事應該號召更多人參與。這和我們在商學院教企業社會責任及社會企業的觀點不謀而合，所以，作者也直接點出：大學，特別是大學的商學院可以做什麼。這些年，我們的商管教育早已跳脫出過去只

教商業和管理知能的傳統做法，現在會特別強調企業社會責任與企業倫理教育，因為我們相信，企業家賺錢絕對不必犧牲自己的良心，「無奸不成商」更是過時且錯誤的觀點；現今商管教育也開創出新課程模組，如社會企業創業計畫，鼓勵同學發掘社會問題，並嘗試提出創業計畫，規劃出如何以商業模式系統性地解決社會問題並獲得合理利潤。

　　台灣社會非常溫暖、有人情味，每遇風災震災，會看到大筆善款湧入，也有很多人有定期捐贈的習慣。其實，除了靠愛心提供弱勢或有需要者一杯水，還可以有計畫地組織眾人之力挖一口井。企業，是最善於運用資本資源、發揮綜效的組織，再加上市場上每位成員與消費者的力量，應該可以更有創意地以多贏方式解決社會問題。而這樣有善心又可獲利的投資，正是影響力投資的價值。

　　認識作者吳道揆先生多年，他正如本書自序中的文字般有溫度、有熱情，總想著要為社會、為學校做點什麼。經常聽吳先生談起他的理想，而且他的理想從不會因為年齡漸長而減少，所以起而行，寫了這本書，鼓勵更多人投入社會企業和影響力投資，也希望人人都能義利雙收，社會更美好。

影響力投資——
潛力無窮的明星產業

台灣影響力投資協會理事長　張大為

比較起「企業社會責任」（Corporate Social Responsibility，下稱CSR）的成熟，和ESG〔環境（Environmental）、社會（Social）、公司治理（Governance）〕風向潮流，影響力投資在台灣不但還稱不上顯學，甚至於可以說這個新觀念才剛萌芽。我個人看完本書後，對吳道揆先生十分欽佩，因為這是一本對改變台灣投資理念，藉以推動、解決諸多台灣當前政府無能力處理的社會問題，具有關鍵影響力的書。

為什麼我這麼說？因為本書的副書名標榜「行善致富」，這四字已經洩了天機。行善又能獲利，投資者何樂而不為呢？

全球企業賺錢回饋社會早已行之有年。就以台灣為例，無論是企業自行成立各式各樣的基金會來回饋社會，或是在重大

災難中及時的捐款救災，甚至每年編列預算捐款給特定非政府組織（Non-Governmental Organization, NGO）機構，企業都要自己先賺錢，然後才能夠救助社會上的各種需要。在難以計數的企業捐助中，我印象最深刻的就是台積電在2014年高雄市氣爆事件發生後，認為政府重建災戶效率慢，於是改變直接捐款救災做法，選擇在台積電內部組成專案，與上市營建集團組成重建團隊，將災區受難戶進行逐戶整理重建，台積電志工社甚至為受災戶的孩童進行心靈輔導，是非常成功的CSR典範。但這也是因為台積電是台灣最賺錢的上市企業，才有能力做這樣的救助行動。

影響力投資的崛起，正是要改變這種情況，不但企業的回饋資助要更有效能，而且資金還要能回收和產生獲利。

影響力投資起源可以追溯到2007年，由美國洛克菲勒基金會（Rockefeller Foundation）邀集眾慈善家、企業家及投資界重量級領導者，集思廣義討論後促成的一個新創投資模式，在全球至今已經吸引至少7,000多億美元的資金投入，並且正在加速成長。是否會成為投資市場顯學，目前雖尚未可知，但可想而知勢必會有更多大咖的投資機構會加入這個投資行列。

本書作者吳道揆先生可說是影響力投資在台灣推廣的先驅，本書透過各種不同的國際案例，清楚解析影響力投資的三個重點：第一，影響力投資是一個投資創意產業；第二，影響

力投資一定是以私營資本達成公共利益；第三，影響力投資絕對可以創造雙贏甚至三贏或多贏。

簡單地說，也就是影響力投資的出發點是以透過某種資本手段解決當前政府無法解決的公共問題，也可以直白說影響力投資是一種會賺錢的營利慈善事業。

書中眾多的影響力投資國際案例，涉及婦女、教育、獄政、醫療健康、農業、社會住宅，甚至宗教，每一個案例都有其獨特的創意投資理念在裡面。

例如一個年輕人看到肯亞學童因為使用煤油燈不慎造成三級燒燙傷，激起他要為貧窮國家解決電力不足不得不使用燃油燈的情況。在創業大賽中取得資金，設立公司製造最簡單的太陽能燈提供給窮人，成功幫助1億多人，降低40億美元採購煤油能源費用，減少2,200萬噸的二氧化碳排放。

一位女子創立一個專為女性設計的共同工作場所及社群「The Wing」，月費200美元，擁有10,000個會員，對於婦女創業、職涯以及家庭生活都大有幫助，「The Wing」已經完成3次融資共取得1.2億美元的成績。

英國為了改善獄政預算，2010年找到慈善基金及信託基金，推出史上第一個「社會影響力債券」（Social Impact Bond），聘請「壹服務」做總承包，如果5年內的累犯回籠率降低達到7.5%，這個計畫就算成功，投資者可以拿回本金及

約定利潤。結果不可思議的第一批 1,000 人囚犯回籠率降低了 8.4%，第二批囚犯回籠率更降低了 9.7%。減少犯罪、增加社會安全；減少囚犯，也有助穩定家庭。這些效益遠比減少獄政預算來得更珍貴。

　　上述案例充分說明，解決諸多社會問題，是可以透過創意投資，找到獨特的資本手段，進行各種社會救助，不僅效益比政府做得好、做得多，而且投資者也可以成功回收成本並有相當的利潤。

　　對於機構投資者來說，可以透過投資這些創意創業者，實現他們想要解決的問題，並可從中取得利益。對個人投資人甚至小額投資人來說，則可以透過投資參與機構投資的上市公司，間接幫助解決社會問題，並從上市公司的股票獲利；或者直接投資影響力投資指數。也就是說影響力投資不只是機構投資者可以參與，一般平民一樣也可以參與。

　　影響力投資是一個潛力無窮的明星產業，但前提是政府要有完善配套措施，建立影響力投資在投資市場的遊戲規則，才能讓這個明星產業發光發熱！

創造投資者、被投資公司及環境社會三贏的局面

投信投顧公會理事長　張錫

專業投資機構法人將資金投入優良的公司，讓被投資公司能夠利用資本市場持續成長，機構法人也能從資本市場得到回報，創造雙贏。

在國際間重視機構法人盡職治理的風潮下，我國於2016年積極推動「機構投資人盡職治理守則」，2020年配合新版公司治理藍圖規劃，修正機構投資人盡職治理守則，包括擴大盡職治理範圍，除股票外，應擴展至債券、不動產、私募基金等；另應建立並揭露明確投票政策與揭露股票情形，如說明對重大議案贊成、反對或棄權原因等四大重點。今年3月歐盟啟動永續金融揭露規範（SFDR），受到SFDR規範投資金額超過22兆美元，另貝萊德（BlackRock）和先鋒（Vanguard）等龍

頭資產管理公司也加入淨零排資產投資倡議，影響資金達32
兆美元。

　　資產管理業者從專業的本位出發，不再是只考慮投資標的
公司的財務面，更要恪守「責任投資」原則，篩選每一個投資
標的，承諾公司在追求利益與成長的經濟目標時，同時致力於
環境、社會、治理三大面向（ESG），並產生最大的正向循環
影響，持續解決長期存在的環境與社會問題。在創造資產增值
的過程，高度關注環境保護及社會共榮，創造投資者、被投資
公司及環境社會三贏的局面。

　　資產管理業者從負面表列機制，例如將博奕、食安問題、
嚴重違反勞工權益、環境保護、職場倫理等相關標的，列入不
可投資標的名單。到正面表列機制，啟用ESG整合投資流程，
投資系統中整合ESG資訊，讓投資團隊在進行投資前層層把
關，將ESG因子納入投資決定，且與被投資公司互動更進行議
合活動等，都是ESG投資流程中重要的一環，以機構投資人的
力量推動被投資公司注重ESG，來強化社會資本。

　　道揆兄有很豐富的業界實務經驗，更是積極地在推動影響
力投資。本書透過許多實際的國際案例，用說故事的方式說
明，淺顯易懂、發人深省，也證明了好的起心動念是帶來三贏
最重要的關鍵。個人看了有所啟發，相信本書不只是適合專業
的機構法人或投資人，對於80後天生重視ESG的年輕人或許

能有更多啟發，創造出（或幫助）更多好的公司。

2020，台灣影響力投資的元年！

活水社企投資開發總經理　陳一強

當得知道揆兄正埋頭撰寫一系列有關影響力投資的專書時，著實令我十分振奮，原因有三：

其一，此系列將提供華文世界關於全球方興未艾的影響力投資運動，一個完整脈絡與論述，他山之石可以攻錯，必定能推升此運動在台灣的發展與探索，並帶來無比的加乘效果。

其二，社會創新創業在台灣發展可溯自2007年，迄今逾12年，從1.0「社會企業」到2.0「社會創新」，即將邁入3.0「影響力投資」的階段，此系列無異承先啟後，揭開了3.0的序幕，帶領我們探討如何有效連結市場需求（創新創業）與供給（資金資源）兩端的最後一哩路。

其三，以道揆兄豐富的財經管理背景涵養與實務經驗及國際視野，加上對於教育可以救國及投資能改變世界的熱情，此

系列本身就是他將個人的天賦與恩賜、專業與時間，以及所擁有的社會資本「投資」於社會影響力的最佳寫照，相信報酬率絕對超乎一切世上金錢所能計算的。

　　誠然，影響力投資尚在萌芽階段，一切有待繼續探索，不成熟之處在所難免，在此搶先引用本書中對我最有啟示的三段資訊與您分享如下：

- 根據全球影響力投資聯盟（GIIN）2019年度調查，全球影響力投資資產約為5,000億美元；其中，上市公司股票占17%，上市公司債券占14%，合計已達31%。更重要的是，以上4個數字，都在快速成長。

- 根據賓夕法尼亞大學華頓商學院（The Wharton School of the University of Pennsylvania）的研究，未來五年，影響力投資將成長到7兆美元。主要的成長來源是影響力投資在上市公司中的占有率，估計影響力投資總金額會大幅提升。並且上市公司投資在影響力投資中的占比，也會迅速地從目前的31%，上升到超過一半。而影響力投資在主流市場中的良性循環，會是吸引更多資金資源的更大動力。

- 根據摩根士丹利（Morgan Stanley）一份研究顯示，80%的千禧世代年輕人願意做影響力投資，而2020年時，

　　千禧世代將擁有全球19兆至24兆美元的資產（繼承及
自行賺取）；這將再度大幅推動影響力投資，在上市公
司主流資本市場中的比例。

　　因此，我非常期待本書所帶來的漣漪效應，相信不久的將
來，就有第一批台灣的高中生參加了Knowlege@Wharton High
School全球投資競賽（影響力投資是重點）、第一堂為台灣大
學生所開設的影響力投資課程正式啟動，以及更多由政府或非
營利組織所發起的社會創新計畫突破法規限制（如社會影響力
債券，簡稱SIB），並且看見更多投資早期社會創新企業的天
使創投基金陸續成立（如我所服務的活水），還有更多更到位
的影響力投資金融商品如雨後春筍般的推出（如ESG永續指
數、ETF、共同基金、主題私募基金等），而如何評估社會影
響力也成為這世代的顯學……若此，2020年不啻是台灣影響
力投資的元年！

　　最後，借用本書每章最後都有「幾點思考」的模式，也邀
請您思考一個問題：

　　「我們如何才能促動民間資本轉向影響力投資的領
域？需要什麼樣的政策法規？什麼樣的研究報告及決策資
訊？什麼樣的開路先鋒或領頭羊？什麼樣的中介組織或媒

介通路？更重要的是什麼樣價值觀的翻轉？」

　　但請您以下面不同的角色，以換位思考的方式來回答前述問題，分別是影響力投資生態系中的：中央與地方政府、上市公司、新創公司或未上市公司、專業投資或金融機構、家族傳承辦公室、天使投資人、專業人士或服務機構、非營利組織／社服機構、各級學校／學術機構及媒體等。

陳一強

影之隨形，響之效聲

新世代金融基金會董事長　陳冲

　　影響力投資協會張理事長，為本書再版邀序，看到封面英文書名，勾起不少回憶。2005年我在合作金庫銀行董事長任內，曾指定同仁編寫銀行企業社會責任報告，完竣後，對原英文題目所採的直譯方式，覺得略嫌僵硬，乃信手寫下Doing good while doing well，同仁稱妙，遂拍板定案付梓，為台灣金融界第一本企業社會責任報告見證。

　　這是16年前的思維，企業賺錢第一，行有餘力，從事公益，理直氣壯。這也符合米爾頓・傅利曼（Milton Friedman）在半世紀前所說，「商業的社會責任是增加利潤（The social responsibility of business is to increase its profits）」的名言。20年來，企業回饋社會的想法，逐漸演進蛻變，基本意旨雖不離其宗，但名稱由CSR到ESG，近年更轉為Impact Investing

（影響力投資），可以看出境界不斷提升。本書英文副題Doing well by doing good，較當年之Doing good while doing well意境截然不同，積極性躍然紙上，深感時代進化，欣見年輕思潮擁抱社會之熱情，也更符合聯合國2016年SDGs（永續發展目標）的宣示。

論語禮仁篇，「君子喻於義，小人喻於利」，聖人之說，常義利截然兩分；時至今日，則義利互補，相輔相成。其實縱在古代，先賢如子貢，早就「駟馬束帛，推論利害」，「使孔子名布揚於天下者，子貢先後之也」，對義利之綜效，已身體力行。本書發行人張大為理事長、執筆人吳道揆學弟，致力建構影響力投資生態系統，宣揚理念，引領市場資本，共創永續價值，皆今之子貢也。本書結論，揭示義利雙收、義利並舉，更為影響力投資之最佳註腳。

漢朝大儒嘗謂，影之隨形，響之效聲，以論人際相處。現代企業之社會責任，透過影響力投資，何嘗不是如此！

推薦序

企業最大價值之所在
來自無形資產

中華公司治理協會前理事長　劉文正

　　隨著地球暖化及人類面臨愈來愈多的挑戰，企業需要面對氣候變遷、資源耗竭、人口成長、都市化、科技創新等大環境的劇幅改變。除此之外，消費者、證券投資人對「企業價值」的認定也改變了，他們在評估企業的價值時，除了看財務數據外，也關切企業在ESG等方面的績效。

　　很多統計資料顯示，半世紀以前的企業價值，八成來自有形資產；現在情況剛好相反，八成來自無形資產，其餘二成才是有形資產。企業的商標、專利、研發能力、創新力、員工向心力，以及廣大企業利害關係人對企業經營能力、社會融合、環境愛護、公司治理等方面的表現與信任等，都是企業重要的無形資產。

　　企業的無形資產是企業最大價值之所在，但這些無形資產卻多數無法從目前企業的資產負債表中看到，也很容易被忽視。還好，目前國內資本市場推動的年度企業社會責任報告書的編製與發行，彌補了傳統財務報告所能提供資訊的限制與不足。在今天，外在的環境改變，企業所面臨的風險與挑戰也隨之改變，如何有效地評估並創造企業的全面價值，成為企業經營者面臨的重大課題。

　　2018年8月5日本協會王淮祕書長引介吳道揆先生在協會辦公室與我結識，也談到他參與美國非營利組織全球影響力投資聯盟（GIIN）的學習與心得。吳先生獲有政治大學企業管理研究所及美國賓夕法尼亞大學華頓商學院MBA及MA（國際研究）雙碩士學位，擁有豐富的國際知名企業工作及20多年創業與投資經驗，是位跨領域、跨文化的管理通才。

　　影響力投資的歷史不長，然而在過去幾年發展迅速，未來將更成為投資的主流。投資若能獲取財務利益，又能為社會向善、環境向上盡一份心力，何樂而不為？吳道揆先生以他豐富的學經歷練，以及在全球影響力投資聯盟的學習心得，寫了這本《影響力投資》。書中以說故事方式，引導讀者了解影響力投資，進而擁抱影響力投資，為我國影響力投資的教育開了先鋒。

　　中華公司治理協會是一個致力於董事智能進修、公司治理

制度評量、董事會效能評估、公司治理論述、公司治理生態改
進主張，與倡議公司治理的專業機構。協會的理監事、執行委
員、講師及會務人員們，都期盼能為我國公司治理向上，盡一
份心力。這本《影響力投資》與協會「邁向企業永續治理，增
加公司長期價值」的倡議相呼應、相結合，協會很榮幸參與本
書的出版，本人也很高興能代表協會寫此序文。

為我國社會永續發展
注入活力與能量的好書

台灣證券交易所總經理／簡立忠

近年來全球永續投資趨勢快速發展，投資人在做投資決策時，已不再只是考量傳統的財務資訊，更將投資標的公司的環境、社會與治理（ESG）三大面向納入投資考量。影響力投資為永續投資的一種，簡單而言，除了財務報酬外，影響力投資更進一步追求明確且可以衡量的社會或環境影響力，鼓勵與督促被投資公司的永續績效。

根據全球永續投資聯盟（Global Sustainable Investment Alliance, GSIA）最新發布的107年調查報告，永續投資規模已達30.7兆美元；進一步觀察，遵循永續投資精神的聯合國責任投資原則，至今已有超過2,300家、管理全球超過85兆美金的投資機構簽署，顯見永續投資的規模和需求是相當龐大。

為引導國內永續投資風氣的形成，證交所自民國99年至104年間，陸續發布「台灣就業99指數」、「台灣高薪100指數」及「台灣公司治理100指數」。此外，證交所子公司台灣指數公司，於106年12月與倫敦證交所旗下子公司富時羅素（FTSE Russell）共同合編「台灣永續指數」，是國內第一檔完整結合E（環境）、S（社會）、G（公司治理）與財務指標篩選的投資型指數。本指數除獲勞動基金運用局採用作為420億元的委外代操標的外，並於108年8月發行ETF商品，象徵台灣推動永續投資邁向一重要里程碑。

因應這樣的國際趨勢，台灣證券交易所積極提升上市公司的ESG資訊透明度，透過辦理相關教育訓練、推廣宣導，將落實企業永續之精神傳遞予上市公司，並自104年起推動上市公司編製企業社會責任（CSR）報告書。目前我國上市公司之非財務資訊揭露數量及品質，均有顯著提升，108年度申報CSR報告書的上市公司家數已達349家，占總上市公司家數比重高達37%；此外，107年營業收入前百大之上市上櫃公司，目前編製CSR報告書之比率亦已達89%。顯示我國在推動相關永續經營議題，已受到重視與關注，且有愈來愈多上市公司重視各利害關係人關注的非財務績效資訊並加以揭露。

作者對於市場教育與推廣一直不遺餘力，本書詳細介紹與分析影響力投資等相關議題，為廣大讀者提供系統化與統整性

的專業知識。影響力投資的推動有賴生態體系的各單位共同努力，包括政府、研究機構、學術界、證交所、投資人、金融機構及非營利組織等。相信本書一定能夠為我國社會的永續發展與資本市場注入源源不絕的活力與能量，將知識轉化為實際的行動力，以正向力量鼓勵我國資本市場提升永續績效，邁向全球永續發展。

二版作者序

　　影響力投資，關注醫療、教育、社會正義、城市韌性、全球暖化、環境保護，以及永續大業等議題，在新冠肺炎肆虐全球時期，備受世人矚目。而由中華公司治理協會及英國安本標準投資管理（Aberdeen Standard Investments, ASI）聯合出版的《影響力投資的故事——行善致富》一書也在2020年1月問世了。

　　很自然地，我也開始撰文演講，推動影響力投資。第一場演講是由中華公司治理協會董監聯誼會舉辦，自此20多場演講座談，有上市櫃公司董監事、專業經理人、政府官員、非政府組織（Non-Governmental Organization, NGO）、非營利組織（Nonprofit Organization, NPO）、教授學生，不一而足。主要的共通點就是：對影響力投資了解不多，但聽後興趣不少。

　　最常被問到的問題有三：

1. 取捨：是否需要犧牲投資利潤，換取對社會或環境的正面影響力？
2. 衡量：影響力五花八門，如何衡量、比較與報告？
3. 提升：如何增加企業影響力？

　　第1題，取捨。簡答是：不需要（犧牲利潤，換取影響力）；詳答，在本書中有所論述。

　　第2題，衡量。是的，關於影響力的衡量，目前百花齊放，尚未大一統。但是已有很多工具、方法、指標、數據等可選可用。無論選定哪一種，只要堅持並公正地衡量，都有辦法做出橫向（與同業）及縱向（與過去）的比較。這是影響力投資最重要的議題，世界各地都有許多金頭腦在埋首攻關，本書亦有所論述。

　　第3題，提升企業影響力。企業影響力的來源有四：企業的運營、企業的產品與服務、企業的投資，以及企業的慈善活動。運營活動主要左右ESG的評價高低；產品與服務可以對焦「聯合國永續發展目標」（Sustainable Development Goals，下稱SDGs），衡量其影響與貢獻，投資要看其被投資企業的表現，慈善的影響力也用SDGs來衡量。此題重要，值得專文，甚至專書論述。

　　除此之外，常有聽眾熱情反應，問明天我可以做些什麼？

我也常開玩笑地回答：要不要去西非開個學校？或到印度去開個醫院？

　　這當然是戲言。但是，也讓我明確體認到，大眾對於既能行善又能致富的影響力投資很感興趣，我們不能敷衍以空話。風，起了。推動影響力投資的時機也到了。

　　台灣在永續相關方面的作為相當不少，包括有活力的社企圈（社企、媒體、投資者、孵化器）、B Lab台灣（亞洲第一）、綠色金融、永續指數、友善的政策法規以及積極支持的政府。這都是來自默默耕耘的前輩，有學者、有業者，也有不少政府官員（中央及地方）。在此敬禮，致敬。

　　推動影響力投資必須集結各方力量。感恩有緣，能與張大為、陳一強、陳富煒等人，共同邀請了72位關心永續大業的專業人士，籌辦了「台灣影響力投資協會」，志在接軌國際，建構生態，引領市場資本，共創永續價值。為有意用投資改變世界的朋友，打造可行的方案，而非老是戲言：非洲開學校。

　　數月之間，敲鑼打鼓，也造成些許動靜。例如在2021年4月初，藉由婦女權益發展基金會主辦的「亞太社會創新高峰會」，我們與國際上推動影響力投資最重要的三個機構：全球影響力投資聯盟（GIIN）、全球影響力投資策導委員會組織（Global Steering Group for Impact Investing, GSG）及亞洲公益創投網絡（Asian Venture Philanthropy Network, AVPN）探討了

國際發展趨勢、生態系統建構，以及台灣的國際參與。

我們也舉辦了影響力投資高階圓桌論壇的閉門會議，邀請了產官學研各界菁英50位代表，分成六個面向，分組討論建構影響力投資生態系統現有的困難及應有的作為。

影響力投資要做到可執行的程度，還有千頭萬緒。目前最重要的莫過以下三樁：

1. 建構知識平台：學然後知不足。台灣目前與國際影響力投資的基礎知識（包括工具、研究、課程）相差太遠。我們需要大量學習、摘要、研究、撰文、傳播。這是所有一切發展的基本功，必需要下足苦工。

2. 研究影響力企業標準：沒有衡量，就沒有進步。融合國際眾多方法、工具、指標，制定一套適合台灣的標準，以SDGs為準繩，衡量企業（無論上市或未上市）是否為影響力企業。這些資料可以讓企業自行參考，用以提升正面影響力，更可以給員工、消費者、採購者及投資者參考，幫助其決策。也可以讓台灣用SDGs與國際互動交流。（即使是過渡標準，也好過沒有標準。事實上，SDGs本身也是過渡標準，適用於2016至2030年）

3. 設立類似「大社會資本」的影響力投資專項發展基金：日韓兩國已仿效英國的大社會資本（詳見本書內介紹）

成立專項發展基金。這可與台灣影響力投資協會攜手並
進，槓桿運用投資的力量，與金融機構及慈善機構合
作，健康發展各類利害關係人，活絡影響力投資的市場
及文化。

　希望大家早日加入影響力投資的行列，行善致富，並交給
後代一個兼容的社會，永續的地球。

初版序

　　美國大學生山姆‧古德曼（Sam Goldman）在非洲肯亞，看到煤氣燒傷的學童，立意發展太陽能燈，取代煤油燈。d.light——這家典型的影響力企業，目前已在70國銷售，全年營收上億美元，幫忙全球1億人換上乾淨能源，合計節省40億美元煤油費用，並增加當地收入、減少貧富懸殊、提升學生學習、減少了2,200萬噸二氧化碳。

　　沙費‧馬薩（Shaffi Mather）的媽媽昏倒，在印度鄉間求救無門。事後夥同5個好友，自立自救，買了2台簡易救護車，開啟了「1298救護車」服務：送往私立醫院，按資付費，送往公立醫院，基本免費。至2019年，發展成3,200多輛車，在數十個城市營運，約1萬員工，接送2,200萬人次，救人無數，甚至在車上接生2萬多名嬰兒。

　　美國，槍枝氾濫，每年4萬多人死於非命（包括自殺與青少年）。前麥肯錫顧問彼得‧桑姆（Peter Thum）與警局合作，取得沒收非法槍枝，與知名設計師合作，熔消槍枝，浴火

重生，鑄造時尚首飾，並運用所得，與學校及低收入社區合作，提供教育、輔導及安全措施。從源頭開始，解決貧窮及暴力。桑姆先生，義利並舉，是為影響力投資典範。

想知道更多他們的起心動念？創業經歷？

書中還有更多不同類別（除貧、失業、教育、醫療、男女平權、社會住宅、全球暖化、永續能源、循環經濟、普惠金融等等）的詳細故事。他們的共同點則是：針對社會或環境問題，不是掏錢解決，那是慈善家的做法，而是用企業的思維、市場的方法，創造可持續、可複製、可擴大規模的事業。有明確的商業模式，賺取企業利潤，又同時解決特定問題。

事實上，很多「普惠金融」（Microfinance）的例子，都已經證明：即使生活在最底層的人們，也都未必希望仰賴援助，很多人更願意自力更生。給予他們這些連銀行帳戶都沒有的人，一些微型貸款啟動資金，他們可以自豪地養活自己，教育下一代。

人們需要的是一個機會（Chance），而不是一個救助（Charity）。

這些都是典型的「影響力投資企業」。為了「投資利潤」以及「社會效益」而投資他們，就是本書所談的「影響力投資」。

行善致富。

Do Well by Doing Good.

——班傑明・富蘭克林
（美國開國元勳、賓夕法尼亞大學創辦人）

2007 年初秋，正是讓人沉靜深思的季節。某日，20 餘位慈善家、企業家及投資界大佬，在洛克菲勒基金會總裁茱蒂絲・羅丹博士（Dr. Judith Rodin）的盛情邀請之下，陸續抵達義大利米蘭以北 80 公里處，柯夢湖畔（Lake Como）的洛克菲勒貝拉喬中心。貝拉喬是座三面環湖的富裕古城，人口 4,000 人。

羅丹博士桃李滿天下，是長春藤名校賓夕法尼亞大學的榮譽退休校長，也是長春藤盟校有史以來的第一位女校長。育人志業告一段落，羅丹博士加入了改變世界的行列。

沈浸在貝拉喬中古世紀氛圍及柯夢無敵湖景，大佬們在羅丹博士熱情的招待下，享受著北義大利特有的美食美酒。話題，卻總離不開人類的歷史與可預見的未來，而討論也就逐漸演變成：

我們還可以多做些什麼？讓大家（包括我們自己）能夠拿出更多的資源，來共同面對日益嚴重的全球挑戰。

這個大哉問，讓大家在喝完最後一杯酒之前，鑄造了「影

響力投資」這個有意思的名詞及其基本概念，啟航了金融史上一段波瀾壯闊的新旅程。它的成功與否，也將左右著人類與地球的相處，以及貧富之間的戰爭與和平。

　　第二年，同樣的地方，更多的人，訂定了影響力投資產業的構建藍圖。

什麼是「影響力投資」？

　　簡單定義：除了財務報酬外，投資要同時追求明確而可以衡量的社會或環境影響力。

　　從此以後，這類投資所追求的，不僅僅是「投資報酬」這個傳統的單一底線（目標），而必須要同時完成「影響力目標」的雙底線*。

　　素有「社會企業投資之父」及「英國創業投資之父」之稱的羅納德·柯恩爵士（Sir Ronald Cohen）說，2008金融風暴之後，世人開始懷疑資本主義是創造社會問題的源頭；而影響力投資，可能正是回覆這份懷疑的最佳答案。壞事造就好結果，頗有塞翁失馬的意味。

---

* 也有「三底線」的說法，指：利潤，社會，環境。但筆者傾向以「雙底線」定義影響力投資：利潤，社會／環境影響力。

　　看看「占領華爾街」運動，就知道人們對資本主義的仇視。很多人相信，世界上有一半的問題，來自貧富懸殊，而矛頭多半指向資本主義。

　　影響力投資來得正是時候。同時追求「利潤」及「價值」的雙主軸，可能是資本主義及金融市場的華麗轉身。

　　影響力投資是標準的「行善致富」（Do well by doing good）。這個富，既是個人的「小富」，更是社會的「大富」。

從奠定地基到 7,150 億美元

　　要建立一個產業，要先建構它的「基礎建設」。從影響力評量的工具，到影響力投資的管理與報告，從研究、教育、商業模式，到人才、產品、資料庫，從推廣宣傳到改變法令，無不需要專業且長期的機構來推動。

　　第三年，在著名的「柯林頓全球倡議」（Clinton Global Initiative, CGI）2009 年會上，洛克菲勒基金會領銜主演，糾集其他 22 位投資界、企業界、非政府組織及慈善界的巨頭，正式宣布：共同出錢出力，「孵化」全球影響力投資聯盟，來擔綱上述艱難的挑戰。

　　到 2019 年整整 10 年，專注在影響力投資的基金已近千個，所管理的影響力資產年年大幅成長，目前已經超過 7,000

億美元，投資在各種不同資產類別。分進合擊地去解決聯合國所列出「永續發展目標」（SDGs）的17大類問題。

　　毫無懸念，絕大部分的影響力投資資金來自歐美，他們的投入與累積，也奠定了他們在這場金融變革中的先發優勢。

　　比較令人意外的是，影響力投資資金投向何處？

　　並非全然在全球最貧窮的地區，反而是富裕的美加及歐洲（東歐除外），就占了40%。可能因為近，也可能因為任何富裕的社會都有貧富懸殊及環境氣候等問題。其餘的投資，散布在拉美及加勒比（14%）、非洲南部（14%），及以印度及東南亞為主的亞洲（16%）。

　　這些年來，出現不少以影響力投資為職志的基金，除了不斷培養自己在影響力投資方面的實力外，他們也出錢出力，研究與發展影響力產業的需要。這些將會是影響力投資長期浪潮中的贏家，書中有不少他們的例子。

　　老牌金融機構似乎起步較慢，但是現在幾乎叫得出名號的金融機構，包括美國大咖高盛（Goldman Sachs）、科爾伯格—克拉維斯（KKR）、貝萊德（BlackRock）、保德信（Prudential）、花旗集團（Citigroup）、美國銀行（Bank of America）、摩根士丹利等，歐洲著名的金融機構英國安本標準投資管理、瑞士瑞銀集團（UBS）、荷蘭PGGM基金等，也都積極跳入影響力投資的戰團，回應客戶（投資人）覺醒的需求。

　　除了私營企業（投資基金）外，還有主權基金（如淡馬錫）、大型的退休基金（如TIAA美國退休教師保險及年金）、各大學的捐贈基金等，也都相繼投入。所有的這一切，都明確述說著投資人（世人）心中的「善」，希望藉著投資與自己價值相符的企業，來造就社會的「大善」。

　　也許有人會認為，影響力投資比較適合小規模的初創公司。剛開始的時候確實如此，但是現在已經愈來愈多元，從未上市股票、借款、實物資產，到上市公司股票及債券。

　　根據全球影響力投資聯盟的2020年度調查，影響力投資中，上市公司股票占19%，上市公司債券占17%，合計36%，僅次於未上市股債的38%。分析趨勢，或可預計2021年之後的調查，上市公司（包含股債）將躍升為影響力投資的最大資產類別。

　　其中，比利時的優美科（Umicore）、美國的艾伯維（Abbvie）、特斯拉（Tesla），丹麥的維斯塔斯（Vestas）、法國施耐德電機（Schneider Electric）、英國培生教育（Pearson）與蘋果、微軟等，都是影響力投資的熱門股。甚至從2016年起，已經有了幾個上市公司影響力投資的股票指數。

為了達成社會目標，就要犧牲投資利潤？

長期以來都有一個懷疑，如果投資要發揮社會意義，或造成環境影響，那是否會因此而降低財務上的投資報酬？

影響力投資的歷史還不夠長，還在快速發展演變，要做學術上嚴謹的、長期穩定的投資報酬研究，其實還有些困難與限制。

但是權威學術及研究機構（例如華頓商學院、麥肯錫公司等）上千篇的研究報告顯示，投資報酬與影響力報酬未必有統計上的相關。也就是在大部分的情況下，完全有可能達成社會／環境影響力目標，並同時獲得市場利潤的投資報酬。

根據全球影響力投資聯盟的2020年最新調查報告，影響力投資界有67%追求市場利潤，18%接受略低的利潤，15%則要求比保本稍高的投資利潤。這些影響力投資者有68%獲得了預期的投資報酬，20%甚至報酬超過預期，只有12%的人認為不如預期。

事實上，正是因為追求「雙底線」目標的成效斐然，才吸引了更多的資金，來參與更多的影響力項目，導致影響力投資產業的良性循環、迅速成長。

畢竟，絕大部分的人還是希望投資就有利潤。

運用私營資本，達成公共利益

隨著湧向影響力投資的資金愈來愈多，相關人才的需要也日益增加。歐美諸多知名大學，特別是商學院，都開始了影響力投資方面的研究與課程。很多學校也與業者合作，共同研究、推動活動、培育人才。例如猶他大學商學院與索倫森創投（Sorenson），合作設立「索倫森影響力中心」及「大學創投基金」。而牛津大學與美國的影響力投資公司，成立了斯柯爾社會創業中心（Skoll Centre for Social Entrepreneurship）。

影響力投資可以說是一場「運用私人資本，達成公共利益」（Private capital for public good）的全球運動。政府的參與既有必要，又對產業發展有助益，自己也獲益匪淺。

政府手中工具甚多，可以直接參與影響力投資，或者修訂法令，開放更多的資源（如退休基金、慈善基金）得以投入，甚至享受租稅優惠；也可以培養人才、孵化影響力企業、宣導影響力概念，更可以直接採購影響力企業的產品及服務等等。

影響力投資的資產規模已經超過7,000億美元，對你我來說，那是天文數字，但是就世界上的資本市場而言（債股合計超過200兆美元），7,000億不過滄海一粟（0.35%）。

至此，參與洛克菲勒貝拉喬會議諸多大佬的「陽謀」（願景）也就昭然若揭：**逐步轉移並運用資本市場的「大錢」，來**

共同解決世界上各類困難的挑戰與問題。

影響力投資並非萬靈丹,更無意取代慈善捐款、政府撥款,及其他對社會／環境問題善盡責任的各類資源與投資。而是希望與他們分進合擊,用多元資源、多元方法,共同合作,達成SDGs聯合國永續發展目標,讓我們的世界變得更美好。

無論除貧、教育或全球暖化,通常都非常嚴重而複雜。解決方案往往需要跨領域、跨文化、跨宗教、跨政府的多方合作。因此,影響力投資甚至有機會化解或弭平因為政治、宗教等因素造成的衝突。果真如此,豈不是對世界和平也產生了貢獻。

他山之石

筆者2019年4月回到台灣,發現台灣很熱鬧,尤其是電視新聞,整天都在藍綠對抗。反而對影響力投資這個激動人心的金融浪潮,似乎比較安靜。

社會企業相關的平台或有零星討論,少數金融／投資開始逐步追求「雙底線」的企業目標,但似乎也尚未形成影響力投資風潮。鮮有這方面的協會或學會,學校影響力投資的課程與研究也相對有限,更沒有一本影響力投資方面的著作及譯作。

在摯友王淮的鼓動下,決意把自己在影響力投資方面的興趣及研究,做個有系統的整理、撰寫本書,希望能對我們社會

在推動影響力投資的大業上，略盡棉薄之力。

　　我們的「陽謀」也跟在貝拉喬柯夢湖畔開會的大佬一樣：逐步轉移並運用資本市場的「大錢」，來共同解決世界上各類困難的挑戰與問題。

　　當然，我們更希望妳／你，能夠在影響力投資上，賺到應有的利潤，也配合自己的價值觀，一起幫忙改變世界。

　　本書既是他山之石，80%以上，以故事為主，包括各種創意創業的故事，解決各種類型的社會問題及環境問題，當然也包括了創業家的創意思維及精彩過程。

　　書中也會介紹影響力投資產業裡的其他重要成員，例如：資金供給者（機構投資者、慈善機構等）、專業服務（投資管理者及影響力顧問）、協會、政府及大學的角色。

　　最後，則會對影響力投資及其產業發展做補充論述。

　　　這本書是為妳／你寫的。

　　　希望你善用影響力投資的工具，

　　　行善致富：數著鈔票，改變世界！

　　　如果你像我一樣，是個普通投資人，

　　　請向理專呼籲，早點提供影響力投資的相關產品；

　　　否則，也可參考本書資料，

　　　查找國際上信譽卓著的基金管理公司。

如果看到什麼社會問題，希望書中的故事有所啟發，
激發你創建可複製可擴大的影響力企業。
夢想不必都是小確幸。

如果你是專業人士，無論金融業或企業界，
早點開始學習與研究，投資影響力、提升影響力，
這一波意義非凡的全球金融浪潮，有你，有我。

如果你是學生，不論哪個科系，多多修習相關課程；
或者，參考書中國際名校的例子，
組織社團，推動及實踐影響力投資。
影響力投資能否改變人類命運，成敗在你們手裡。

如果你是慈善基金會的管理者，
可否思考下資金運用的結構與策略，
讓你的慈善基金可以更長久、幫助更多的人。

如果你是基金管理人，無論投資上市或未上市，
趕緊研發新基金，專注影響力投資，
呼應投資人的需求，創造新的利潤增長點。

Part 1

案例篇——影響力無所不在

第1章

點亮太陽能燈——
史丹佛MBA「義利兼得」的傑作

在非洲肯亞偏遠村落裡，你看到一個鄰居男孩，15歲、全身敷以草藥，並用樹葉覆蓋，因為不慎碰觸「煤油冰箱」的煤油燃料，而造成了三級燒傷。

問題：你會做什麼？

1. 不做什麼：因為早已司空見慣，煤油燒傷事件，每年數百萬起。

2. 慈善捐助：力所能及地捐上200美元，並慰問家屬，幫助看護等等。

3. 改變世界：發下宏願，提供安全、乾淨、便宜的能源，來取代煤油，解決問題。

　　大多數選「1」，合理；少數人會做「2」，愛心。但是山姆・古德曼（Sam Goldman）就不同了，他選擇了「3」。因為，除了愛心，他相信一定還有更好的辦法，用「市場及資本」的力量，來大規模地解決這些問題。

　　後來他在2006年創建了d.light公司——一間「營利企業」，設計、生產、銷售太陽能燈，以及一些延伸的家電能源設備。目前該公司已經累計幫助了1億多人，擺脫煤油燈，轉而使用太陽能燈。

　　不但幫助他們降低了40億美元採購煤油的能源費用，同時，減少了2,200萬噸二氧化碳的排放。d.light被譽為最成功的「影響力企業」之一，既有投資利潤，也改變了世界（社會及環境的改善）。

　　山姆・古德曼是個特別的人，從加拿大的大學一畢業，就加入了「和平工作團」（Peace Corps），到西非貝南共和國的偏遠鄉村做志願者。在當地成立了非政府組織，以市場營運的做法，幫助當地百姓：不只給魚，還教他們捕魚。

　　2004年，看到上述這起煤油燒傷事件時，他已經在西非工作了四年。

　　他很討厭煤油，深知其壞處，光源不穩定、亮度低、傷眼睛、氣味難聞、不環保、大量排放二氧化碳，更要命的是還很昂貴，經常花費他們20%至30%的收入來買煤油；同時又很危

險，燒傷事件，時有所聞。

古德曼知道，世界上有10幾億偏遠地區的窮人，沒有電網覆蓋，煤油是他們唯一的能源及夜間的照明。

他相信唯有市場與資本的力量，才可以大規模地解決這些問題。人類的科技早已可以探索太空，因此他也確信一定有更好的產品，例如，帶電池的LED燈，可以幫助這些人，改變他們的世界。

其實，這更是一個10幾億人市場的大事業，他開始寫信給這些相關企業，邀他們來共襄盛舉，你出產品，我來行銷。

想不到吧，沒人搭理他。誰都沒有興趣，跟這些一窮二白的人打交道。

問題：怎麼辦？

一個20多歲的年輕人，除了夢想、激情與傻勁，沒產品、沒鈔票、沒資源。能夠怎麼辦？

古德曼的決定是：重返校園，整理所知，開創未來。他進史丹佛大學，就讀MBA，其後，又在該校著名的設計學院（Stanford Design School，暱稱d.school），選修了一門課：「為最貧困的族群設計創業產品」（Entrepreneurial Design for Extreme Affordability）。

他在這裡獲益太多、感恩滿滿，以致把未來成立的公司，取名d.light，以示飲水思源，不忘啟蒙。

他在這裡學到的第一件事就是：「以客戶為核心」的產品設計理念。這道理誰都懂，甚至很多人也常掛嘴邊，但是重點在於：誰能真正地做到。

該公司自始至今，都奉行這一設計理念。高管及產品設計專業人員，每年花費巨大的時間金錢，與遙遠而貧困的客戶互動互學，把他們說出來的、沒說出來的，各種需要、想要及限制，都一一放入產品的增減微調。這是該公司產品受歡迎的主因。

更重要的是，他在史丹佛找到了志同道合的4位創業夥伴，包括現任CEO ——奈德・圖宗（Ned Tozun）。

此人也是一號有趣人物，他自小在矽谷長大，就讀史丹佛期間，接連換了8次主修，最後以地球系統及電腦科學雙主修畢業。在矽谷工作數年後，回去史丹佛念MBA，當了古德曼同學。

期間也選修上述設計學院的那門課，但沒選上。他不依不饒，連續旁聽了6個禮拜，老師鬧他不過，終於正式收他為弟子，可見他擇善固執的堅定意志。自此也與古德曼結為好友，成為彼此事業上最重要的夥伴。

創業，錢從哪裡來？

要解決世界級的大問題，當然需要投入相當的資本資源。然而，當時這幾位年輕的共同創辦人都還是史丹佛的學生，兜裡揣著兩樣東西：一個產品的樣機（原型），及一個巨大的夢想（數十億美元的市場及改變世界的機會）。

其實d.light的太陽能燈很簡單，基本上就是一片太陽能板、一塊可充電電池及一盞LED燈，外加可給其他家電（包括手機）充電的功能。差別就在品質、價格、功能及設計。產品並無任何高科技的研發與風險，當然也不怎麼太亮眼。

募資初期的失敗與無情的拒絕，都是意料之中。有位投資者甚至勸說，你們不會成功的，快別浪費你們的生命吧。

奈德‧圖宗回憶道：「說實話，我是個比較內向的人，最開始時，要去向創業投資簡報我們的事業計畫爭取投資，是比較緊張及困難的。但是只要你真正相信你要做的事，經過練習，你就會愈做愈好。」

他們參加了許多創業計畫大賽，在2007年贏得了DFJ創投（Draper Fisher Jurvetson ePlanet Ventures）舉辦的年度創業大賽冠軍，從這家著名的創投手中接過了25萬美金的創業獎金。隨即，另一家知名的創投公司車庫科技創投（Garage Technology Ventures）也投了他們25萬美元。他們坦承，史丹

佛MBA的身分，的確對募資有幫助。

　　緊接著，古德曼帶著他的妻子去了中國大陸，專心解決太陽能產品的製造問題，包括價格、品質及規模生產。而圖宗則跑到印度，專研在貧困地區銷售太陽能燈的可能方法。2008年，d.light首批產品正式問世。

　　產品雖然簡單，但是它「解決問題」的能力超強。買一盞燈放在家裡，「立刻」就大放光明，「立刻」就沒有油煙，沒有燒傷的危險，也「立刻」就可以開始省錢。這種「立刻」所展現出來的功能與效果，讓客戶感動，也「立刻」幫你宣傳。「體驗行銷」與「口碑行銷」一呼百應，業務順利展開。

　　產品雖好，還是有人買不起。d.light為了服務更多，甚至更貧窮的客戶，後來還發展出了「即用即付」（pay-as-you-go）的產品融資方案，客戶可以用不買煤油省下來的錢，支付給d.light，作為產品的「租金」或分期付款。這也算是一種「以客戶為核心」的商業模式設計。

　　異業合作，也可以擴大社會效應，也可以增加銷售。例如，d.light跟各地旅行業者合作，讓團費包含了新的太陽能燈，旅遊結束後，旅客的太陽能燈就留下來，送給當地的學童。大家都歡喜這種做法。

　　另外，各類慈善基金會或城市扶貧交流可以購買d.light的產品，輕鬆「點亮」一整個地區或村落。例如，深圳市國際交

流合作基金會，在柬埔寨幫忙建立「湄公河太陽村」等。

　　創業激情人人有，問題在能走多久。沒有咬牙堅持，故事無法延續。d.light也跟所有的其他公司一樣，歷經了許多的危機與磨難，但是經過了13年，這家營利性質的「影響力企業」已在全球雇用1,000多名員工，有5,000家經銷商，在65個國家銷售它的產品，年度營業額也超過1億美元，每年成長40%至50%。

　　這是家私營企業，我們無法明確得知它的營收及獲利，但是這十幾年來，全球知名的投資人不斷地投資該公司，至今已超過1億美元。想來這些投資者的確看好d.light的獲利能力及投資報酬。

　　這1億美元，一半是股權，一半是債務。一部分來自純粹的商業投資，例如，奈克薩斯創投（Nexus Venture Partners，基金規模15億美元，主要投資在印度及美國）、DJF（其特殊的做法是與全球不同國家的創投合作，且具備在全球投資的能力），以及車庫科技創投（一家設立在矽谷的創投，專注在種子階段及創業初期的創業投資基金）。

　　另外資金來自具備「社會使命」的「影響力投資公司」，例如，歐米迪亞連線〔Omidyar Network，2004年由ebay創辦人皮耶‧歐米迪亞（Pierre Omidyar）創辦〕、艾克曼基金（Acumen Fund，成立於2001年，著名的影響力投資基金，已投資1億多

美元於100多家企業）。

　　d.light公司之所以同時接受「社會使命」的投資者及商業投資者，就是要讓自己可以同時兼顧財務利潤及社會目標。

　　艾克曼基金是d.light的第一批投資人，該投資基金創辦人及CEO賈桂琳‧諾沃葛茲（Jacqueline Novogratz）回憶說：

　　　　2007年，這兩位剛從史丹佛大學畢業的MBA，帶來了一個不起眼的太陽能燈樣機，以及一個想要掃除煤油之害的巨大夢想。

　　　　我相信他們的願景，也感受到他們的堅持與信念。自此之後，我們動員了許多資源、許多組織來幫忙他們。這些年來，內部的員工及公司外部的組織，都願意在這個願景之下，共同努力達成目標。

　　　　這當然是因為d.light有非常傑出的創辦人及領導者，而他們從來不忘初衷、謹守願景，專注於根除煤油之害，換上乾淨便宜可靠的太陽能。我相信，讓大家團結在一起的，主要是要改變世界的「義」，而非僅僅是商業投資的「利」。

企業的「義」？

既然講到「義」，讓我們再來看看d.light到底對人類社會及環境做了哪些改變：

1. 減少疾病與死亡：空氣品質提升，村民不再吸入有害的臭油煙，燈光更亮更穩定，也有益眼睛保健，並且不再有煤油燒傷事件，從多方面的提升健康，減少疾病與死亡。

2. 提升學生學習：2,500萬名學生晚上可以多讀幾小時書，有助提升成績，減少貧富之間的學習差異。

3. 減少貧富懸殊：有燈，小販小商店可以晚一點收攤，可以多賺些錢。最重要的是，這些年來d.light幫這些家庭省下了40多億美元的相關能源開支。

4. 拯救地球，提升環境品質：這些年來，d.light幫忙減少了2,200萬噸二氧化碳的排放。這是多大的功德啊。

d.light是一家典型的「影響力企業」，從設立之初，就定下了雙重目標：既要營利，也要改變世界。著名的達沃斯世界經濟論壇（Davos World Economic Forum）2020年會便邀請d.light到場演講，表彰的就是它的承諾與成就：「義利並舉，

義利兼得」。

幾點思考

1. 請列舉d.light的成功要素。這麼簡單的產品，憑什麼是他們
   成功了？哪3個成功要素最重要？

2. 如果這是個1億美元的慈善捐助（而非投資一個事業），你
   認為會成功嗎？差別在哪裡？會造福多少人？會造成多大及
   多長時間的影響？

3. 我們周邊有什麼亟待解決的社會問題？可否形成一個事業？
   能有多大？

第2章

婦女好，就是家庭好；
教育好，社會好

為了事業的成功與生存，20年內，所有企業都會把
影響力置入其商業模式。這是消費者、投資人及員工所要
的。他們將會把影響力傳遍全世界。

——羅納德・柯恩爵士（Sir Ronald Cohen）

「舒舒服服地坐在一家典雅的咖啡館工作，方便又愉快。
只不過經常要與客戶視訊，當說到『墮胎』之類的詞彙時，常
會引人側目，」一位主張生育自主的女性維權律師說。

「帶著小嬰兒與姊妹淘下午茶，很擔心小寶貝餓了哭了，
吵到別人，又沒有方便哺乳的地方，」一位在家工作的女性廣
告設計師說。

「想找些不同背景的人，聊聊自己新的創業點子，去哪約

啊？」一位剛搬到芝加哥的女性化妝用品創業者說。

雖然她們年齡不同、職業不同，甚至膚色不同，但是，她們的內心都在找同一個地方：一個專為女性設計的共同工作場所及社群。

給婦女一雙翅膀

「集結女性，助力成長」（Advancing women by gathering them together）是這兩三年興起的女性共同工作空間──The Wing所標榜的理想。

The Wing命名的目的，就是要做女性的翅膀，幫助她們起飛。成立於2016年，從紐約曼哈頓起家，專門提供女性共同工作的場所。她們的設計，無論色調、環境及功能，都是完全依據女性的需要，讓女性客戶可以盡量做自己，有歸屬感，又可以在事業上找到資源。

她們的共享空間，除了環境、設計及家具都非常適合女性外，還有梳妝室、哺乳間、美容院、電話間（私密又不吵別人）、淋浴及休息室（備有各種所需用品，甚至包括浴袍）、女性專用的圖書館，有的場域甚至還有女性健身房。咖啡、飲料及無線WIFI當然不在話下。

這一切提供的只是環境，也就是所謂的「硬體」，其實，

更重要的是「軟體」。她們有很多不同系列的講座（知性、美容、創業等）、各式各樣的社交活動及研討會（比方說，分享與討論妳的創業構想，甚至請創投業者參與）。

共同創辦人奧黛莉・吉爾曼（Audrey Gelman）*曾經做過希拉蕊・柯林頓（Hillary Clinton）的媒體助理。她們鼓勵女性的政治思考及公民參與，她們會不定期地請政治人物來交流政治理念，或有當地社區領袖來共商社區發展的需求及解決方案。

所以，The Wing更是一個交流的平台，讓大家可以依需求選擇自己的社群（實體及虛擬），對於創業、職業生涯，甚至家庭生活都非常有幫助。

僅僅兩年多的時間，The Wing已經在美國紐約、舊金山、芝加哥、洛杉磯、波士頓、華盛頓特區以及英國倫敦，建立了10個共享空間，加拿大的多倫多會是下一個。The Wing表示她們的目標是建立一個全球的實體及虛擬的女性社群，因此對非英語國家也非常感興趣。

The Wing採取會員制，每個月會費大約200美元，目前有

---

* HBO影集《女孩我最大》（*Girls*）的該製片及女主角莉娜・丹恩（Lena Dunham），與奧黛莉・吉爾曼是好朋友。該劇由愛麗森・威廉斯（Allison Williams）飾演的第二女主角瑪妮・邁克斯（Marnie Marie Michaels）就是取材自奧黛莉・吉爾曼。

接近10,000名會員，算起來年營業額已有2,000多萬美元。投資界相當看好該公司的發展及獲利能力，兩年多來，已經完成3次融資，共募資約1.2億美元，包括全球知名的創投紅杉資本（Sequoia Capital）、全球最大的線上民宿Airbnb，以及全球最大的共享空間公司WeWork等，都是她們的投資人。

The Wing 算是影響力企業？

　　問題是：作為一家營利企業，The Wing算不算是一家「影響力企業」？它要解決的社會問題是什麼？

　　根據17項聯合國永續發展目標（SDGs），其中第五項就是：性別平等（Gender Equality）。

　　性別平等在過去幾十年的進步非常多，但是當然還存在很多嚴重問題，包括教育不公及女性文盲、健康醫療與生育不均、就業及參政不平等、性騷擾及暴力等等。這方面的研究及論述甚多，本書在此不贅。

　　除了男女平等的基本人權之外，有個跟經濟有關議題是：究竟性別平等對經濟發展有什麼影響？

　　麥肯錫全球研究院（McKinsey Global Institute）對此相當關注，對性別平權做了一系列研究。根據他們2015年的一份研究指出：

　　如果能把女性的潛能完全發展出來，2025年全球的國內生產毛額（GDP）可以增加28兆美元，約當26%；也約當中美兩個最大經濟體，2015年的GDP總和。

　　麥肯錫把全球分成10個主要的大區，每個國家在該區內的性別平等指數也各有評價。如果所有國家都能做到該區最好的水準，則全球GDP在2025年可以增加12兆美元，相當於2015年日本、德國與英國的總和。

　　可見，幫助婦女，就是幫助經濟成長，而且力量強大。這份研究也很負責任地，提供了完整的建議及做法，有興趣可在網路上搜尋〈How advancing women's equality can add $12 trillion to global growth〉一文。

　　The Wing的社會目標明確：以共享空間為連結，聚集婦女，形成社群，提升她們在家庭、事業、創業等方面的多元能力，促進男女平等、創造就業、發展經濟。所以The Wing當然也是比較另類的「影響力企業」。

　　另外再舉個完全不同的例子：創造就業、幫助女性、消除貧窮、提升教育。

幫助婦女，就是幫助社會

想像一下，200至300位賴比瑞亞婦女，在開工前，提前來到工廠，拍著手、唱著歌、擺動著身體，歡樂地唱唱跳跳。然後，虔誠地祈禱，為身體健康、家庭和樂、小孩上進，還有最重要的——為今天工作順利、公司興旺發達而祈福。

這並不是個特別的日子，她們天天如此。這些活動，加深了團隊的友誼，也緊密了與公司的關係。有這批超級忠誠的工作夥伴，公司哪有不順的，問題哪有難解的。

這家公司就是非洲第一家獲得「公平貿易」（Fair Trade USA）認證的服裝公司「自由與正義」（Liberty and Justice）。

該公司的宗旨就是：以企業經營的方式，為金字塔底層婦女，提供穩定就業機會，改善她們家庭經濟、消除貧窮、提升孩童就學率，並賺取合理的商業利潤。

該公司在2014年前，就已經在賴比瑞亞創造了2,500份工作，90%以上是女性。她們的工資比其他工廠高出20%以上，並且所有的工作夥伴持有公司49%的股份。

她們都是30至50多歲的婦女，比起其他同業平均年齡的23歲，幾乎要大了一倍。或許體力有差，不過更勤勞、更忠誠、更重視細節，也更願意解決問題，而非製造問題。

目前「自由與正義」已經在非洲7個國家設立服裝工廠，

以同樣的模式，提供數千婦女工作機會，帶動了幾萬人脫離貧窮、改善教育。這是一家典型的「影響力投資企業」，功德無量。

西非的賴比瑞亞是世界上最貧困的國家之一，人均年度GDP只有700多美元。婦女受到很多不公平的待遇，包括受教育及就業，更有嚴重的家庭暴力及性騷擾。這些都源於婦女的經濟弱勢地位。

該國很多基礎建設，不論軟硬體，都非常不完善。誰會願意到這裡來投資呢？

「自由與正義」的初衷

話說從頭，奇德‧利伯堤（Chid Liberty）出生於賴比瑞亞，父親是外交官，出使德國時，兒子奇德還在襁褓之中，後來因故被賴國放逐，搬到美國。

19世紀初期，美國黑奴被解放後，曾有計畫地移民非洲，包括賴比瑞亞。該國英文名字Liberia，有「自由」（Liberty）之意，想來也有不少人以「自由」為名。就好像我們故事的主人翁，他姓利伯堤（Liberty）。

小奇德自幼認為黑人（或說非洲人）高人一等，坐在食物鏈的頂端。因為一路走來，總有些外國人，包括德國人、印度

人、土耳其人,在他家服務。直到七年級(國中一年級)讀到非洲歷史,方才得知非洲只有2%的家中有裝電話。他搞糊塗了,也開始搞明白了。

奇德住在加州,舊金山與矽谷之間的寶地。求學就業,一路順遂。學的是財務,做的是投資,似乎也逐漸重回食物鏈的頂端。

祖國賴比瑞亞,卻依然在貧窮與混亂,打了多年內戰,死傷無數,滿目瘡痍。經濟發展談不上,就連小學的就學率也只有40%。

2009年,順利站在人生賽道上的奇德,回到賴比瑞亞。祖國所面臨的一切,尤其是婦女同胞的際遇,與他在美國有序的生活比起來,令他震撼,也心痛不捨。但更令他糾結的是,相隔這麼遙遠,他一個小白領,又能做些什麼呢?

這份「糾結」並未維持太久,就得到了答案。

給他答案的,就是雷嫚‧羅伯塔‧葛波薇(Leymah Roberta Gbowee)*。這位賴比瑞亞的和平運動家,組建了「賴比瑞亞婦女和平運動團」(Women of Liberia Mass Action for Peace),集

---

* 雷嫚‧葛波薇與另外兩位女性:艾倫‧瑟利夫(Ellen Sirleaf,2005年當選賴比瑞亞總統,非洲第一位民選女總統)及塔瓦庫‧卡曼(Tawakkol Karman,葉門政治家、和平運動者)於2011年共同獲得諾貝爾和平獎,表彰她們以非暴力鬥爭方式,來維護婦女安全,並致力建設和平。

結了基督教及穆斯林的婦女（這個了不起！），穿著象徵渴望和平的白襯衫，在市場與教堂等地唱歌與祈禱，爭取婦女及孩童的基本人權，開啟內戰雙方的對話，幫助賴比瑞亞在2003年，終結了第二次內戰。

受到葛波薇的啟發與鼓舞，奇德決定要為賴比瑞亞的婦女做些什麼，就算因此要改變他已經小有成就的人生發展，也在所不惜。

2010年，奇德巧妙的借用了他的姓氏（Liberty）以及他想為非洲婦女爭取的正義（Justice），組建了這間「自由與正義」（Liberty and Justice）服裝工廠。

奇德運用「資本主義」的方式，向創業投資公司募資後成立公司，其中有一般的創投，更有典型的影響力投資公司，例如：索倫森影響力基金（Sorenson Impact Foundation）*、根源資本（Root Capital）、認真改變基金會（Serious Change Fund）、慈悲基金會（Eleos Foundation），以及人類團結基金會（Humanity United Foundation）等。（光看他們的名字，就知道他們想要改變世界！）

奇德還運用市場機制，率先拿到第一家非洲「公平貿易服

---

* 索倫森影響力基金與猶他大學合作，成立美國最大的產學合作影響力投資基金。也與美國財富雜誌《富比士》（Forbes）合作系列影集，推廣影響力投資。

裝公司」的殊榮，不但給工作夥伴高於市場20%的薪資，還給她們49%的股份，但是公司依然獲利，並且複製模式，擴張到7個國家，造福更多的貧困地區。

　　無論員工多麼忠誠，也不可能永遠一帆風順。

制服的威力

　　2014年，伊波拉病毒肆虐西非，疫情嚴重，致死率高達50%至70%，造成賴比瑞亞5,000人死亡。伊波拉病情的恐怖消息，天天出現在西方媒體的顯著位置。漸漸地，沒人敢向「自由與正義」服裝廠下單。訂單消失，工廠關燈。

　　但，這批忠誠的工作夥伴，依舊每天按時聚集在工廠，唱歌、祈禱。這是她們希望之所在！

　　面對困境，奇德決議仿效「TOMS鞋業」，買一送一，自創時尚品牌UNIFORM（中文意思為制服）。做法就是顧客買一件UNIFORM的衣服，「自由與正義」就送一件制服給當地小學生、國中生。（看來奇德非常會取名字）

　　UNIFORM的產品設計簡潔時尚，顏色黑白為主，用的是非洲有機棉花，由第一家非洲公平貿易公司出品，合乎道德製造，出自90%以上女性員工之手，做工細緻且價格合理，這些都足以吸引時尚且有「道德消費意識」人士的喜愛。更何況

UNIFORM還會送制服給當地學童。

UNIFORM在美國推出不久，就造成話題。很快地，「自由與正義」就在西非送出了近10萬套制服。

贈送制服的意義是什麼？

根據麻省理工學院（Massachusetts Institute of Technology, MIT）的一項研究，為非洲兒童提供免費校服，可以減少43%的缺勤率，提高考試分數25%，還可以降低青年男女結婚率20%，減少未婚少女懷孕率17%。神奇吧！

哇！「自由與正義」UNIFORM的功德還真不小。

事實上，前面說過，賴比瑞亞的學童就讀率約40%。但是「自由與正義」的員工學童就讀率卻高達98%。光是這一點，一切就值得了！

奇德說，確保孩子上學最好的辦法，就是確保他們的媽媽有份工作。

的確，婦女好，家庭就會好，孩子的教育也會好，導致整個社會會更好。賦權婦女，意義重大！難怪是聯合國永續發展目標之一。

奇德認為，人們需要的是一個機會（Chance），而不是一個救助（Charity）。

雖然做了這麼多「善事」，但是奇德一再強調，「自由與正義」不是個慈善案例。他說，我們的出發點及思維是不一樣

的──一家盈利企業會說，我們製造服裝來賺取利潤，一家慈善機構的使命是，為貧困婦女創造工作機會；我們卻是：製造服裝來雇用婦女。

奇德的初心是什麼？或許來自他父親。

在被放逐之前，奇德的父親是位公務員（外交官），總是運用政府的力量，來解決百姓的問題。奇德走的卻是私營企業這條路，但也同樣地，在解決父親念茲在茲的社會關懷。如果地下有知，奇德相信父親也會對他比個讚，表示讚賞。

作為一個典型影響力企業的創辦人，奇德呼應柯恩爵士的說法：影響力投資是個威力強大的觀念，20年後，幾乎所有的投資都是影響力投資，消費者、投資人以及員工會聯合起來，把善的影響力傳遍全世界。

幾點思考

1. 在我們社會裡，熟齡（40至60歲，甚至55至70歲）婦女就業機會如何？有什麼辦法可以改善嗎？

2. 男女平等的議題裡，有哪些專屬婦女（無分年齡）的需要尚未被滿足？有無企業與市場可以發揮的空間？

3. 腦力激盪：有哪些婦女專屬的場域（無論線上或線下），有需要，但尚未被發掘？

第3章

社會影響力債券──
公私合作，金融創新

囚犯，你我在「供養」

近20年的趨勢，貧富不均、小罪不斷，社會問題嚴重，不良後果甚多。其中之一就是：監獄人滿為患。

物價飆揚、人權意識高漲，監獄的預算當然也節節高升，尤其是歐美國家。

囚犯關進監獄裡，政府要花很多錢、納稅人的錢。以英國為例，一個普通犯人一年大約要花掉政府4萬英鎊（約150萬台幣），比就讀英國最好的貴族學校伊頓中學的費用還貴得多。諷刺吧！

單獨囚禁的重刑犯，需要更多的「服務」，當然就得花費更多的錢來「供養」。

　　英國現在約有95,000囚犯，每年的獄政預算大約46億英鎊。

　　民主選舉，就是要討好選民，減稅都來不及了，哪敢輕言加稅。景氣又非年年變好，社會、環境、國防、教育，哪項不要花大錢？舉債增加，財政拮据早已是大多數政府的新常態。

　　怎麼辦？怎麼節省經費、縮減預算？這讓每一位大臣頭痛。辦法當然有。

　　第一就是囚犯服務外包、監獄私有化。付給私人監獄的錢比原有的預算還少，每年約2萬多英鎊。但是「服務」與「福利」還更好，囚犯人權受到更多照顧，「滿意度」更高。奇怪吧？有趣吧？

　　英美監獄私有化，實施已經超過20年，效果不錯，應該會繼續擴大。

　　其他呢？英國還有一些招，例如，把外國犯人遣送回國。這個牽涉較廣，非今日主題。暫且按下不表。

　　還能做什麼？

囚犯不再犯，全民省大錢

　　有研究指出，最好的辦法就是降低囚犯回籠率。囚犯回籠率最高的，就是刑期12個月以下的輕罪囚犯。

　　降低他們回籠率的辦法就是：在獄中及獄後，給予完善的、客製化的「服務」，例如教育、培訓、輔導就業、法律諮詢、心理及生理疾病醫療，並給予住房安置等等。

　　但是，政府說：我不能為這些「不確定的成果」買單（預算通不過，選民不答應），尤其是無法對出獄後的更生人提供這些「額外」的服務。

　　英國首相的社會行動委員會（Prime Minister's Council on Social Action）在2007年接到任務：研究創新，減少獄政預算。2010年，該委員會找來10多家慈善基金及信託基金（包括影響力投資的催生者──洛克菲勒基金會），共同出資500萬英鎊，推出歷史上第一個「社會影響力債券」（Social Impact Bond，下稱SIB）。

　　執行（實驗）場所就在彼得伯勒（Peterborough）監獄所在地區，史稱「彼得伯勒社會影響力債券」（Peterborough SIB）。

　　其做法如下：

　　由Peterborough SIB（所募集的500萬英鎊）付錢，聘請「壹服務」（The One Service）做項目執行總承包。再由該公司分別聘請各類需要的服務，對3批、每批1,000名、刑期12個月內的輕罪囚犯，進行客製化的輔導與服務。

　　如果5年內的累犯回籠率降低7.5%，這個計畫就算成功。

「投資人」（基金們）就可以拿回本金及約定好的利潤。

　　第一批1,000名囚犯回籠率降低了8.4%，第二批9.7%。英國政府因此認為這些措施已經證明有實效，並決定在全國實施。所以也就不需要再進行第三批次的實驗。

　　這項實驗，大獲成功。「壹服務」及其他的服務商，提供了服務，收到了銀子，得到了業績／實證，獲得了後面全國性的訂單。

　　基金們，推動金融創新典範，減少社會問題及壓力，替國家找到好方法，替納稅人節省經費。自己拿回了本金，以及每年3.3%的內部報酬率（Internal Rate of Return , IRR）。

　　政府，不為「可能」付費，而為「成果」付費，是個負責任的政府。減少囚犯回籠人數，節省大筆獄政開支，更獲得明確可行的服務方案，及可靠的服務提供商，得以全面開展降低囚犯回籠的計畫。

SIB站上舞台

　　更重要的是，這項金融創新開啟了「影響力投資」的新頁。

　　根據「社會金融全球聯盟」（Social Finance Global Network）

的SIB資料庫的統計（不能確定100%完整），截至2019年中，全球共發行了137個社會影響力債券，運用了4.5億美元，對120萬人產生了正面的影響力。

其中，發行最多SIB的國家，依然是發明這個債券的始祖——英國，有47項，其次是美國（26項）、荷蘭（11項）、澳洲（10項）、法國（5項），亞洲的有日本（3項）、印度（3項）、南韓（2項）。

其應用的類別，最多的是「增加就業」（44項），其次是「社會住宅及遊民照顧」（23項）、「健康醫療」（22項）、「兒福與家庭」（20項）、「教育」（13項），而創始項目囚犯回籠歸類為「司法及獄政」反而不多，只有12項。

2013年，對市場動向敏感的高盛集團與紐約市政府合作了一個針對青少年累犯的SIB，並在猶他州開啟了一個青少年特殊教育的SIB。成功後，立即募集了1.5億美元的SIB基金，正式開啟了SIB在美國的發展。

自此，美國各家金融大咖也紛紛加入，例如摩根大通銀行、美國銀行、摩根士丹利等等。

過去8年，SIB確實引起了政府及金融界的興趣。時任美國總統的歐巴馬在2013年，編列3億美元的聯邦預算，來推動並參與投資SIB，希望給美國政府帶來創新的方法及財源，參與解決社會問題。

但是，從數字上來看，發展似乎並不太快。主要因為「社會影響力債券」在應用上還有些限制。

簡單來說，SIB 至少要有四個主體：

1. 政府：有應該做，也想做的公共議題，通常較多是預防性的措施，例如提供輔導、降低累犯率、提供密集學習、減少特殊教育需求、提供健康指導、減少疾病發作等等。但是，由於預算限制，只可以為「成功的成果」付費，不可以為「可能的效果」付款。

   因為「成功的成果」可以大幅節省政府將來的開支，例如監獄、特殊教育及醫療服務等。所以可以運用節省下來的一部分經費，按照合約，支付給投資人（他們先代付了服務費用）。

2. 服務提供方：可能是企業，也可能是非營利專家機構。收費，提供所需的預防性服務。其費用，由投資人支付。

3. 獨立評估方：鑑別「成果」，判定項目的成功與否。

4. 投資人：按合約付錢給「服務提供方」。如果項目達到既定的效果，根據合約，向政府收取本金及應有的利潤。如果項目「失敗」，所支付的服務費用可能完全損失。

所以整個程序是：

1. 政府與投資人簽訂SIB合約。
2. 投資人僱請服務方，提供所需服務。
3. 經過第三方評估認定：項目成功，政府按合約支付投資
   人；項目失敗，投資人損失。

也因此，SIB有另外一個名稱：「為成功付款」（Pay for Success, PFS）

SIB是一種非常特殊的影響力投資工具，應用的範圍及適用的階段都非常特定。必須要多方通力合作，包括上述的政府（或半政府機構）及私營公司。並且，SIB基本上無法上市流通買賣。注定了它永遠也不可能成為主流的投資工具。

但是SIB的價值依然明確的存在：

1. 創新財源：完成政府該做也想做的事，尤其在各類別的
   預防措施方面。
2. 風險移轉：不成功，不付錢。
3. 資金高效：政府可以在各種嘗試中，選擇成功的方案，
   再做大範圍的推廣，整體資源運用更有效率。

4. 績效管理：投資人為了完成指標，自會認真管理，提升
   績效。

5. 公私合作：調動更多的資源及專家專業，來共同解決社
   會問題。

由於應用面及階段性都比較特定，讓我們再來舉幾個例
子，試著開拓思維，為我們SIB的發展做些借鏡。

以色列的SIB：青少年教育

兒童是未來的主人翁，以色列人也明白。今天的高中生，
就是明天的高科技工程師；數學的好壞，直接影響以色列未來
的經濟發展。

目的：提升拉哈市學童的數學水準，因為該市學生數學成
績遠低於全國平均。

方法：2019年5月，4個投資人，有基金、有銀行，共同
出資2,280萬以色列幣（約新台幣2億元），除了針對拉哈市7
所高中、共1,200名高中生外，也對該城市做了全面提升數學
教育的方案。

其中包括要求地方父母官的配合、對老師（及校長）教學
方法的培訓、校際比賽以及獎勵計畫。當然最重要的是對學生

的教育，包括教材選用、暑期課程、個別家教、科技設備提供、學習方法改善等措施。

這是一個5年計畫，培養三個年級的高中生。經過第三方機構評估，如果數學成績達到某些標準，投資人的投資報酬率，可以達到13%。

為什麼要用SIB？因為這一切都是正常公立教育以外的服務，政府沒有預算，也難以為提升數學成績的「可能性」而編列預算。所以SIB剛好派得上用場，如果方案成功，還可以更大範圍地推廣。

芬蘭的SIB：移民及難民的就業

在芬蘭，這幾年，移民及難民的數目急遽增加，他們的失業率約是芬蘭人的2至5倍。

芬蘭人知道，這些人就業與否，對芬蘭的經濟發展有相當程度地影響。然而，他們的就業又似乎遠比芬蘭人困難。更何況，失業在家，容易出現社會問題、家庭問題，以及要領取失業救濟，造成財政負擔。

2017年6月，投資人「歐洲投資基金」（The European Investment Fund）投資了1,000萬歐元，雇用Epiqus公司，針對3,000名左右的移民及難民，展開各項服務，包括找來許多

需要移工的單位，包括製造工廠、建築公司、貿易及服務業，
幫他們做工作配對、職業培訓，以及在職培訓等等，希望延長
就業存續時間。最後如果達到指標，投資人約可獲利10%。

如此不遺餘力地為移民難民創造就業機會，是不是頗值得
我們思考？

美國丹佛的SIB：遊民安置

對科羅拉多州的首府丹佛市，甚至對整個美國來說，遊民
是嚴重的社會問題。髒亂不說了，最大問題是健康、傳染病、
犯罪、城市安全，當然也影響觀光，影響經濟發展。

遊民的管理與安置也是學問，有很多要突破的困難，或許
是心理障礙，或許是家庭因素，或許是身體疾病，或許是住所
安排等等。

其實，還有一件事情我們並不知道：在所有遊民當中，只
有一小撮遊民是公共資源的重度消耗者。他們會大量地使用司
法資源、法庭、警察、律師、監獄，他們也可能大量使用醫療
資源、看診、急救、戒毒、住院、護理、用藥等等。

在丹佛市，大約有250名遊民屬於公共資源重度消耗者。
每人每年納稅人要為他們負擔約3萬美元，比某些小白領工作
整年賺得還要多！250人，就是每年750萬美元。

可否「預防」，來減少開支？可否使用社會影響力債券這個工具？

2016年2月，沃爾頓家族基金會〔Walton Family Foundation，創辦沃爾瑪（Walmart）超市的家族〕號召了另外7家基金會及信託基金，共同出資870萬美元，與丹佛市政府簽訂合約，成立一個SIB，專門針對這250人做個別的輔導與幫助，「預防」他們繼續重度使用公共資源。

整個項目的輔導與幫忙，主要在兩個方面：住房安置及密集個別服務管理。SIB資金用途就是支付住房補貼及密集服務。

住房方面，非但排除了所有的租房障礙、給予租屋補貼，還特別為這項計畫蓋了兩棟新樓，共計210戶新房子。

密集個別服務管理，基本上是一對一的個案輔導，包括危機處理、個別用藥諮詢、心理疾病治療、幫忙建立同儕夥伴的支持力量、技能培訓、聯繫醫療護理，並依個別需要安排客製化服務。

像老祖宗一樣地伺候著，就希望能達到兩項指標：1. 增加在家的穩定性（增加天數）及2. 減少在監獄的天數。兩者相減（「在家天數」減去「在監獄的天數」），每人每天丹佛市付給SIB投資人15.12美元的獎勵。

第一期的績效指標：1.5年內，已有39人達標。根據計算，丹佛市付給SIB投資人約19萬美元的額外獎勵。對所有的

參與者來說，這都是個振奮人心的大好消息。

加拿大的醫療SIB：心臟病預防

高血壓，是中風的最大殺手，也是心臟病的主因。在加拿大20歲至79歲之間，有600萬人都有高血壓。每年，因中風及心臟病致死的人約66,000人。

研究指出，50%有高血壓前兆的長者，最後都會發展成真正的高血壓患者。這不僅對個人有危害，而且造成醫療體系沈重的負擔，尤其是中風患者，住院期間特別之長。研究也指出，如果有適當的飲食、運動及戒菸，可以「預防」，也就是降低高血壓的患病率。

2016年10月，投資人出資200萬加幣（約新台幣4,650萬元），請「心臟及中風基金會」，針對溫哥華及多倫多7,000名60歲以上高血壓前期患者，由經過培訓的志願者，為他們登記、講解、帶活動、養成健康習慣，希望藉此降低患病的比率。

兩個指標：登記人數與血壓降低數。如果達到設定的目標，投資者可以獲得8%內部報酬率的投資利潤。

第一階段的測試，兩個指標，雙雙達成。

這一類疾病預防的SIB應用頗多。例如，美國加州有做哮

喘的SIB，英國有做慢性病的SIB。只要「預防」出了成果，醫療體系可以減輕很多負擔。這是做SIB很好的條件。

台灣全民健保全球第一，相信有很多疾病，甚至長照，都有可能可以做疾病預防的SIB。

各國知名大學的踴躍參與

SIB是個大合作的結果，學校有很多很好的資源可以參與合作。

英國政府與牛津大學合作成立了「GO Lab政府成果實驗室」（Government Outcomes Lab），專門研究社會影響力債券的可能方法、契約及成果證據等，為政府、基金及其他參與者提供理論及實務的諮詢，也是世界上第一個SIB的催生者。

美國哈佛大學甘迺迪學院由洛克菲勒基金會資助成立了「SIB Lab社會影響力債券實驗室」（Harvard Kennedy School Social Impact Bond Technical Assistance Lab），除了專門研究SIB外，更為美國州政府及市政府提供實質的技術支援服務。

2015年有30個州政府及市政府申請SIB Lab的技術支援，經過嚴格審核，錄取了5個，加上前期麻州、紐約州、芝加哥、舊金山等，SIB Lab至今已經累積了20個SIB經驗，使他們自己也更能充分了解各類SIB可能的困難、障礙，可以如何

創新，並找出解決方案。

　　相信我們將來如果發展SIB，這兩所大學一定也可以是我們技術支援的來源。

SIB是不是債券？

　　小時候知道的Bond，只有一種，就是007詹姆斯‧龐德（James Bond, 007）。

　　長大後才知道龐德是龐德，債券是債券，雖然都是Bond。

　　講了半天，社會影響力債券其實也不是債券。因為，它不保證有回收，更沒有固定收益，也難以上市流通。其實SIB就是一種應用範圍相當特定的「影響力投資」。

　　結論是：龐德不是債券，是007；SIB也不是債券，而是以成敗論英雄的投資合約。

幾點思考

1. 在台灣，上述的SIB主題中（醫療、獄政、教育、就業、遊民），哪一個最有發展潛力？考慮一下實驗時的花費、成功後的效果、市場與風險等因素。

2. 依樣畫葫蘆，並且按我們社會的需要進行調整，試著設計一

個SIB，無論主題是醫療、獄政、教育、就業、遊民或其他。

3. 在台灣，執行SIB有哪些法令或預算的障礙？

4. 我們政府是否願意與大學合作建立一個社會影響力債券實驗室，並與牛津GO Lab或哈佛SIB Lab建立合作關係，在台灣推動社會影響力債券？

第4章

投資教育，可以改變一切

哈佛緣結，肯亞花開的大橋國際學校

無緣，差肩而過；有緣，萬里相逢。

兩位哈佛學子，在校期間，互不相識。反而在五週年校友會時，返回校園，各言爾志，逐步開啟了一段改革教育、翻轉人生、消弭貧窮的創業大戲。

加州大學柏克萊分校的人類學博士夏倫・梅（Shannon May）當時在哈佛大學唸社會研究，傑・金莫曼（Jay Kimmelman）當時也在哈佛，唸電腦科學及電機工程。

數年後（2009年），他們在非洲大地，肯亞首都奈洛比貧民窟開設了第一所學校，創建了日後著名的「大橋國際學校」（Bridge International Academies）。2019年已有1,500所，分布在奈及利亞、肯亞、賴比瑞亞、烏干達及印度。

他們清楚地知道，全球有幾億人生活在貧民線下，每天收

入不到2美元。根據世界銀行的報告，全球有超過6億學童，完全沒有機會受教育（沒在上學或沒東西學），更別說優質的教育。他們也知道，教育是唯一使他們脫貧翻身的機會。

因此，大橋國際學校（包含幼兒園及小學）的目的，就是要提供平價的優質教育給廣大的貧民孩童，改變他們的人生，奠定發展的基礎。他們的學校大部分與政府合作，管理眾多的公立學校，也有部分在社區開設的私立學校。

大橋國際的「商業模式」很簡單，無論公私立學校，提供平價優質的教育。例如他們在東非的私校費用，每月僅8美元。為了確保教育品質，也為了降低成本，更為了教育普及更多的學童，該校的教育內容根據所在國的要求，統一製作了有名的「教學盒子」（Academy-in-a-Box）。其內容完整細緻，老師們可以按時按需，下載教學指南、教學教材。據此，自行備課，開始傳道、授業、解惑也。

除此之外，這兩位受過良好教育的年輕人當然也完全明白，「教師」才是教育的重中之重，所以很早就設置了多處的「教師培訓中心」，提供短期培訓及長期教學支援。他們開始大量培訓當地原有老師，並聘僱新的老師，以迅速提升教學能量，並同時有效地創造就業。

他們提供雙語教育（英語及當地國語），課程豐富，根據當地教育當局的要求，包括英語、數學、科學、人文與藝術

等。除了課堂課程外，也有豐富的課外活動與課程，包括體育及球類運動。許多學生還代表他們國家參加國際比賽。

請不要忘記，兩位創辦人中有位工科男，他們在最貧困，也相對最落後的地方，盡可能地運用科技，來幫助課程管理、強化教學，並提升效率。

在他們的社區私立學校，學校的行政管理、薪資財務等，全都做成簡單、明確、完整的制度與流程，並採用電腦化管理。以至於校方主管可以騰出時間，來處理更重要的事務：督促教學、幫助老師、與家長溝通，並與當地社區建立正面的良善關係。

另外，透過家長用手機支付學費（甚至可以分期），學校用電子支付費用，並以電腦程式管理財務，該學校運營基本不用現金。方便高效之外，更減少了貪腐舞弊的可能。

在公立學校，這些科技及管理也普遍完整設置，並提供給政府，讓他們清楚知道所有的教學及管理，即使最偏遠的學校，也無任何差別。這當然也幫助了當地公立教育，共同提升教育品質。

辦學成績斐然。過去10年，大橋國際在非洲大陸及印度已經開設及合作（管理）了1,500所學校，教育了75萬名學生，也創造了數萬就業機會（幫助消除貧窮）。

根據各項獨立機構的教學研究評比，及全國考試成果，該

校學生在各方面的成績表現，都遠遠高於當地或全國的標準。有趣的是，某些方面，女生的進步似乎還更高於男生，或許對於未來的男女平等也會有所貢獻吧。

而特別令人驚訝的是，老師的曠職率僅為1%，遠低於非洲當地某國的平均數47%。毫無疑問地，大橋國際學校及其創辦人也都因此獲獎無數。

但是任何外來的、先進的、有強大競爭力的事物，都會破壞原有的均衡，也會招來一定的批評與排擠。大橋國際也不例外。

這幾年來，也曾面臨了若干政府挑戰，但是目前與各國政府大範圍的合作，幾乎遍布非洲，可見這些問題早已雨過天青。也有批評說，大橋國際的創辦人是美國人，帶著美國文化，「入侵」當地學校。這些說法也都見仁見智，不了了之。

大橋國際學校已是傳奇。它的成功要素在於：有遠大的願景（來解決世界上嚴重貧富不均所產生的教育問題）、扎實嚴謹的研發（各類課程、管理系統、電腦程式、教師培訓等），以及強大的執行力。在構築了核心競爭力之後，又可以低成本複製、迅速擴大規模，來完成其使命、擴大影響力。

這一切的良性循環，又吸引了非常多世界級的影響力投資機構，對他們提出各種形式的投資與支持，包括：世界銀行的國際金融公司（International Finance Cooperation, IFC）、

英國政府的英聯邦發展公司（Commonwealth Development Cooperation, CDC）、微軟創辦人比爾・蓋茲、臉書創辦人的陳和祖克柏基金會（Chan-Zuckerberg Initiative），以及許多素負盛名的影響力投資機構／基金，特別是專注於教育方面的，例如，歐米迪亞連線、Learn Capital、Rethink Education、LGT Impact Ventures 等等。

　　大橋國際能得到這麼多社會影響力投資，當然是好事。但是這也顯現了一種「牛群效應」的從眾心理：太多的資金去追逐少數幾個明星企業，其他許多也有潛力、有影響力的好機會，被埋沒在看不見的地方。

　　為什麼他們不受投資人青睞？教育影響力投資還有哪些困難？

教育投資比想像中還少

　　人人都知道，教育可以改變命運，也是促進階級流動，可能是消除社會貧窮最強大的武器。換句話說，投資教育，可以產生非常巨大的社會影響力，當然應該是影響力投資的熱門項目。

　　你猜，影響力投資金額有多少分配給教育及其相關事業？

　　我猜，15% 至 20% 應該有吧？七分之一到五分之一？

根據「全球影響力投資聯盟」（GIIN）2019年的統計，全球影響力投資機構有40%的基金都「有意」投資教育，但是只有4%的金額真正投到了教育。這讓我們看到兩件事：

1. 總投資金額很小
2. 大多數是小項目

為何如此？是投資者沒有看到機會嗎？

投資教育其實不簡單

傳統上來說，投資教育就是辦教育，辦教育大多就是開設學校。大橋國際學校就是典型的例子，這樣的例子在全球多得去了，從早教，到K-12（將幼兒園、小學和中學教育合在一起的統稱）、大學教育、職業教育、學歷教育、補習教育、有校園、沒校園、混合教育（線上加線下）、平價教育、貴族教育、公辦民營（如美國的特許學校Charter School）等等不足而一。

無論哪種教育（辦學）基本上都需要學生（及家長）、老師、課程、教材、管理、教學、考試、評分、教學設施設備（教室、辦公室、實驗室、網路、電腦、圖書館）、輔助設

施（運動場、遊樂場、飯廳、宿舍），時間短則數月、長則數年，產品效果（學生出人頭地）則要更長時間才可能顯現。

　　這說明了「辦教育」的複雜性。對任何事業來說，複雜就是不確定性，任何環節出了錯，都是失敗的「風險」，何況時間又長，效果顯現不易，「耐心」資本不多。

　　也因為複雜，所以難以複製。也許你開第二所學校，或第十八所學校，所面臨的問題同樣複雜，甚至同樣困難，複製往往不像開珍珠奶茶店那麼簡單。難以複製，就難擴大規模；沒有規模，也就不容易吸引機構投資。

　　除了複雜、風險、不易複製外，教育牽涉到意識形態及下一代的成長，往往是所有政府抓得最緊、管得最多、開放得最謹慎的部分。例如完全以良善社會影響力為宗旨的大橋國際，也曾多次遭到勒令停學的對待。這種來回反覆，增加的是困擾及成本，減少的是效率及發展。

　　事實上，很多的政府都把教育視為「公共財」，基本上由政府低價或免費提供。因此，私人辦學往往也會有很多成本、價格及資源的「不利」競爭。甚至有人認為教育既然是公共財，理應由政府提供或慈善捐款提供，要在教育上賺錢，有時未必得到社會的理解。

　　再則，教育雖然一直有所改進，但是本質上是相對平實的，需要扎實地教，也需要認真地學。因此沒有什麼所謂「殺

手級」應用，可以一個觔斗雲翻出十萬八千里，大創新大突破，領先群倫、雙收名利。

　　雖然「難處」不少，不過，古今中外總是有人前仆後繼、絡繹於途。因為「辦學」「興學」除了有可能名利雙收之外，還真的「可以」是件很有意義，很有影響力的大好事。此外，成功的企業家興學，不但可以提高社會形象，也可以培養將來公司所需人才。

線上教育的情況

　　線上學習已有多年歷史，隨著IT技術（特別是安全、支付系統、網路速度及雲端計算等方面）的進步，線上學習愈來愈容易、順暢與普及。預計未來人工智能AI的發展以及移動裝置（手機及iPad）的普及，將更進一步地推動線上學習。

　　根據一項研究報告*，2017年全球線上教育市場規模約為1,600億美元，預測到2023年時將成長到2,870億美元，每年複合成長率為10.26%。目前的市場歐美較大，未來亞太（包括華文）市場的成長強勁，不容小覷。

---

* Global Online Education Market—Forecasts from 2018 to 2023, Research and Markets.

目前中外線上課程都已經非常非常多，包括我們所熟知的 Coursera（世界 150 多所頂尖大學合作提供 2,700 門免費課程，2021 年股票上市）、Udacity（技職教育的翹楚）、edX（由哈佛大學及麻省理工學院創辦與管理，與全球 100 多所頂尖大學提供課程）及可汗學院（Khan Academy，透過 YouTube 播放 5,600 種不同的教學課程）都是這方面的翹楚，也都是很成功的「影響力企業」，因為他們都有很清楚的使命：有意創造出可被衡量的社會效果及投資報酬。

以上這些都是鼎鼎大名的世界級線上教育公司。讓我來說一個比較小，但是比較特殊的一家公司，看看是否也可以給我們一些不同的參考價值。

我們都知道要寫得好，必須要先讀得好。但是我們是否也知道，要讀得好，應該要先聽得好呢？根據一項統計，美國弱勢族群的孩子，從幼兒園到小學，他們所「聽」到的詞彙量，比一般（或富裕）家庭的孩子，要少了 3,200 萬字，這被稱為「詞彙差距」。而這聽力方面的詞彙差距，正是造成弱勢學童學習較差的主要根源之一。

Tales2go 公司*的願景在幫助弱勢學童的教育，而且就從解

---

* 該公司的的名稱 Tales2go 也挺有意思，借用麥當勞得來速的概念來說，或許可以稱之為：有聲故事得來速。

決「詞彙差距」的這個根源開始，也就是先增加聽的能力，自然就會增加閱讀的能力。

該公司的產品很簡單：超過10,000本好聽的有聲故事書（至2021年），分別設計了學習的要點，以及不同程度詞彙量。

商業模式也很簡單：訂閱。學校訂閱，按年付費，每年每學生3美元。學校播放給學生聽，學生也可以用自己的設備（電腦／平板／電話）回家點播收聽。這種商業模式與網飛（Netflix）相當類似，因此該公司也被稱為「有聲書的網飛」。

Tales2go的客戶（K-12）超過700所學校，有30多萬名學生每天聆聽他們的有聲故事書。了不起的是，他們客戶的續購比例是100%，表示產品有效、服務好、價格便宜。

獨立研究機構WestEd研究舊金山灣區學區的「閱讀能力」時發現，使用Tales2go的學童，其閱讀進步的速度是其他學童的兩倍多。該公司由新學校創投（NewSchools Venture Fund）及馬里蘭創投（Maryland Venture Fund，州政府的創投基金）投資，是一個標準的影響力投資。

對我來說，比較有趣的是：這些弱勢的學童在哪裡？

答案是：在紐約州、加州、麻州、喬治亞州、愛荷華州、路易斯安那州等。全部都在美國，這個世界的超級強國。

是的，每個國家都有弱勢族群需要我們大力伸出援手。另外，當然也看出了Tales2go的市場發展前途遠大。

投資教育的上市公司

　　對一個普通的投資人來說，要開創上述的這些公司很不簡單，要投資這樣的公司管道也不是很多。有沒有上市公司，屬於教育類別的影響力投資？

　　有的。

　　本書對於上市公司的影響力投資有一專章介紹，這裡就先舉幾個教育類影響力投資的熱門上市公司為例（絕無推薦投資之意）：

* 勞瑞德教育集團（Laureate Education Inc.）：是全球最大授與高等教育學歷的公司，在全世界10個國家有150個大學校園，在校學生將近100萬。總部在美國巴爾的摩市，是個營利企業，也是經過認證的B型企業＊，在那斯達克股票上市。筆者曾經親自拜訪過勞瑞德教育，他們積極在中國大陸併購大專院校、擴編市場。

* 培生教育（Pearson Education）：教育事業始於20世紀初期，是世界上最大的教育集團，也曾經是最大的出版公司，同時也是家著名的教育測試公司。英國公司，在

＊ B型企業是美國B型實驗室（B Lab）所發起的國際企業認證，其針對企業內部的公司治理、員工照顧、環境友善、社區照顧和客戶影響力等5大面向進行評估。

倫敦證交所上市，在全球70餘國營運，年營收40億至50億美元。應該很多人都用過他們的教科書。

- 新東方教育（New Oriental Education & Technology Group Inc.）：全名為新東方教育科技集團，是家中國大陸公司。最早以教授托福、GRE起家，目前是以英語培訓為主的綜合教育科技及服務集團。在美國紐約證交所上市，是中國第一家在海外上市的教育培訓集團。

以上教育影響力投資，有著不同的類別與形式，共通點是「辦學」，就是有老師、有學生、有教材、無論線上線下、有無學歷或有無校園。

其實，教育投資範圍很廣，下一章將介紹幾種「辦學」之外的教育類影響力投資。

幾點思考

1. 台灣的私立學校裡，哪些可以算得上是影響力投資？為什麼？

2. 如果你有一筆大錢，要投資「辦學」，你想做成一間什麼樣的學校？思考投資、規模、型態、特色、市場、收費及其影響力目標。（以上國際案例，給你哪些啟發？）

第5章

除了「辦學」，還可以做什麼？

教育類的影響力投資類別多樣，除了「辦學」，還有哪些？

教育融資：基礎建設與地產

費城表演藝術特許學校（Philadelphia Performing Arts Charter School）為公辦民營，由斯睿學校集團公司（String Theory Schools）承包經營。該校以STEAM*作為課程的核心，以學生為本，發掘學生的獨特性，從藝術入手，培養創造力及思辨能力，進而全面提升均衡發展。

該校賦予老師很大的揮灑空間，可以重新定義課程內容、

---

* STEAM就是科學（Science）、科技（Technology）、工程（Engineering）、藝術（Arts）與數學（Mathematics）。

教授方式，以及時間安排。學生成績進步斐然，學生數目也
成長迅速。該校有4個校區、K-12年級，目前總共2,600名學
生。由於教育模式成功，即將複製到其他城市。

　　我要說的並非他們的教育，而是影響力投資所能扮演的角
色。

　　該校是所公立學校，每個學生的收入（由賓州、費城及地
方社區的三方撥款）足以支應全部的開支，可見其經營效率及
財務健康，也讓他們完全無需仰仗慈善捐款。

　　為了要建設一棟新的教學大樓，該校在2014年發行了一
個信用評等BB級的市府債券，總額高達5,500萬美元。該債券
為期30年，還本之外，只需付3年的利息，由6家影響力投資
機構踴躍認購。

　　由是可見，影響力投資機構完全可以用「基礎建設貸
款」，來助益學校教育。至於是收取市場利率，或是優惠利
率，各家機構可有不同考慮。

　　另外，也有機構／基金買地蓋校，租給學校使用；甚至買
下周邊土地，蓋住宅、建商場。周邊的價值由學校帶動，商場
住宅大賺其錢，學校租金就意思意思了。如果立意良善，亦可
幫助創造教育價值及社會影響。這種模式在中國大陸頗為常
見。

教育科技的影響力投資

美國前總統歐巴馬說，他直到選上美國參議員的前幾年，才終於還完了他的學生貸款。所以在他任內大力推動學費減免，特別是針對美國的兩年制公立大學（Community College）。

眾所周知，美國教育特別好，但是我們也知道，美國教育特別貴，尤其這幾年漲很大，包括公立大學。對外國學生如此，對美國學生也是負擔。不論貧富，美國很多學生都比較獨立，大學多半靠自己，或有積蓄、或打工、或有獎學金、或學生貸款，很多學生都被學生貸款壓得喘不過氣來。

所以，貴森森的學費，可能是美國高等教育的頭號人民公敵。

「直線教育」（StraighterLine）生來就打算對付這個人民公敵：要以最平價優質的線上課程，讓學生可以選修有學分的美國大學課程。

直線教育大量運用麥格羅‧希爾（McGraw-Hill，世界前三大的教育出版集團）的教材，提供超過60門大學課程，大部分都是一、二年級的通識課程，包括10大類：商業、英文、健康科學、人文、數學、科學、語言、科技、社會科學及大學預科等。

該公司的課程獲得美國教育委員會（American Council of Education, ACE）認證學分，也在2016及2018年，獲選參加美國教育部的「透過創新夥伴提升教育品質計畫」（Educational Quality through Innovation Partnerships，下稱EQUIP）。經由EQUIP，該校學生得以使用美國聯邦的學生獎助學金及貸款，來修他們的學分，這等於美國教育部給他們的正式背書。

目前全美有130所大學（中等或稍差的大學）保證接受他們的學分，並接受他們的學生作為轉學生，甚至有不少大學還願意提供獎學金。很多大學寧願接受他們的學生作為轉學生，也不願意跟他們競爭，因為他們的學費實在太便宜了。

多便宜？基本上每個月99美元，可以任選幾門課，每門課外加59美元。例如，一學期4個月，選修5門課，每學期學費不到700美元（99×4＋59×5＝691），比台灣公立大學還便宜得多。比起美國其他公私立大學，無論四年制或兩年制，其學費便宜了60%到95%，對很多學生來說這是巨大的福音。

直線教育是個典型的影響力企業，為弱勢學生解決教育太貴的問題，提升了教育平權，也幫助了學生增加了大學課程完成率，提升了工作技能及機會。其成立於2009年，10年來已經為70,000名學生授課，解決他們的困難。直線教育由7家影響力投資基金投資，總共1,300萬美元。同樣的，該公司獲獎無數，但也沒少被批評。

　　直線教育也是個典型的教育科技（EdTech）創新公司，運用電腦科技（硬體及軟體）來教學，也進行教育行政管理、財務管理、費用收支、學籍管理、考試、評分、學分承認與轉認等等。

　　教育科技是當紅炸子雞，包括的範圍非常廣泛，無論是運用硬體（教學設備、iPad、電腦、服務器）或軟體（應用程式、教學、考試、評分、管理）來幫助學習，或幫助教育管理等，都屬於教育科技的範疇。教育科技是所有教育投資領域裡，有最大的創新及發展的領域。

　　這裡面當然也包括各種線上課程，除了直線教育，還有大家所熟知的可汗學院及Coursera等。台大電機系教授葉丙成開發的PaGamO，是全球首創的線上遊戲學習系統，在教育科技領域中亦有其相當的地位。

　　在所有教育領域中，教育科技是大部分創業家（特別是科技創新型的創業家）最有興趣的領域，也是所有投資人，包括影響力投資人，最為追捧的部分。為何呢？

　　一般來說，教育科技比較不需要巨大的前期投資（相對於辦學校，需要買地建房添設備），也較不受教育主管部門的監管與限制（例如，提升行政及教學效率，不牽涉意識形態），商業模式相對簡單直接（通常直接提供產品及服務給消費者），產品效果也比較快速明顯（例如，系統測試完成，有

效與否一翻兩瞪眼，很快就有結果）。另外，創新後做出來的技術產品往往有專利（法律）保障，比較容易維持其獨特性及競爭優勢。

其實最重要的是：教育科技產品（服務）做出來後，比較容易複製。也就是說，只要行銷得宜，產品毛利高（特別是軟體類的產品）、可以複製、容易擴張。這才是創業家及投資家最愛的關鍵。

其他教育周邊的影響力投資

一群小學、國中、高中的學童分別在不同的場地，五人一組，圍著料理台，就著20至30種食材，切切切、炸炸炸、搶擺盤、忙上菜，看起來又忙碌、又混亂、又好玩。

他們在進行「革命食品」（Revolution Foods）的鐵人廚神全國冠軍大賽。主廚評審小組的評分要看他們的刀工、美觀、美味，以及最重要「營養」。

革命食品的兩位創辦人克里斯汀・雷蒙（Kristin Richmond）和格絲藤・托比（Kirsten Tobey）是加州大學柏克萊分校MBA的同學。她們相信：吃得好，才學得好。營養均衡，頭好壯壯。

根據過去的經驗，她們知道目前K-12學校的午餐，又貴又人工、不營養，甚至不好吃。她們認為：提供物超所值、

家庭風格的「真實食物」（不過度處理，不添加人工甘味）給
K-12學校，一定會大受歡迎。

　　是的，她們是對的。

　　從2006年，她們就從一個學校開始，提供平價營養午餐
（3美元一份）。到現在每週為全美國400個城市、2,500所學校
及社區，提供200萬份營養均衡的美味餐點。

　　除此之外，她們不遺餘力地在全國各地推廣健康、均衡、
安全的食品教育，方法甚多，除了以身作則以外，包括開設講
座，以及開辦營養、廚藝及相關課程，及上面所說的「鐵人廚
神大賽」。目的就是要把食品意識灌輸給學童、家長及社區。
她們也支持各項研究，來了解食物的屬性及作用，作為調整食
材與料理進步的依據。

　　根據加州大學柏克萊分校2017年的一項研究：〈學校午餐
的品質與學業成績之關係〉（School Lunch Quality and Academic
Performance），證實了健康的學校餐飲，不僅僅可以提升學生
的學業成績，而且是最便宜的方法，來幫助年輕的一代邁向成
功之路。

　　家樂氏基金會（W.K. Kellogg Foundation）*是影響力投資

---

* 家樂氏是世界上最大的早餐麥片公司，它的慈善基金向來龐大積極。近年來
　在慈善基金之下，成立了影響力投資，對食品營養及教育著墨甚多。

基金，也是革命食品最早的投資人，所以必須要做投資後的影響力評估及報告。影響力報告指出，根據他們在紐約州、麻州及路易斯安那州所做的研究，證實了健康均衡的營養午餐，的確對學業成績有所幫助。

採用革命食品供餐的學童，在「英文語言藝術」（English Language Arts, ELA）課程的成績比條件相近的其他學校要高出13%，但是數學方面的進步就太不明顯，只有不到1%。

革命食品立意要以平價（3美元）的健康午餐，幫助弱勢族群的孩子吃好學好。該公司同時提供了4個社會影響力指標：健康、教育、消除貧困及性別平等（2位女性創辦的女性企業），是個典型的影響力企業*。

也因此，該公司特別受到影響力投資基金青睞。2006年成立時，就得到家樂氏基金會的投資，與RSF社會金融影響力基金（RSF Social Finance）的信貸額度。另外也有其他幾家著名的影響力投資公司投資，例如前面提過的新學校創投，2019年又得到基金管理機構Nuveen†投資了1,000萬美元。

---

* 美國學做校營養午餐的公司不少，部分算影響力企業，但大部分都不算。革命食品則是其中佼佼者。

† Nuveen是一家資產管理公司，也是美國教師保險及年金協會（TIAA）的全資子公司，管理了1.2兆美元資產（2020年）。自從2012年起，也投資了8.5億美元在影響力投資。

貸款，幫助教育

以英語教學的平價私立學校，正在印度流行。目前大約有30%的印度學生（約共3億）就讀這類學校。

Sri Vidya Bharathi中學就是其中一家，位在班加羅爾市郊。學校最近要擴張規模，但是學校既沒有餘糧，又難完全依靠學生未來每個月15美元的月費，因此決定去向印度學校財務公司（Indian School Finance Company，下稱ISFC）借錢。

ISFC是一家總部位於海德拉巴的教育金融公司，他們剛從美國的戴爾基金會（Michael & Susan Dell Foundation）得到200萬美元貸款，可以用來借款給他們的客戶。ISFC同意貸款給Sri Vidya Bharathi中學29,000美元，為期5年期。

有趣的是，ISFC在戴爾基金會的同意下，與Sri Vidya Bharathi中學簽署了一個「彈性利率」的借款合約：

在貸款期間，一個獨立的第三方免費為學校測試三年級、五年級和七年級學生的英語和數學成績。如果在兩年內，學生的考試成績提高了5到10分，那麼學校的貸款利息可以獲得10%的減免。

接著，有意思的效果發生了。學校努力督促學生課業，以

便減免利率。目標達成後，學校獲利（減少10%利息）、學生獲益（成績進步）、ISFC獲利（賺取利息差）。

那戴爾基金會呢？也獲利！

在印度利息高（資金成本高），他們貸款給ISFC的利率為12.5%，扣除所有的手續費及測試費後，實得利息9.4%。在美國，這是不可能的。這200萬美元可以產生孳息，可以循環利用，比起發放獎學金，這可以照顧更多更多的學生。

戴爾基金會明確地體會到，「財務是變革的有力槓桿」。接著他們又去找第二家、第三家的ISFC，目前已經覆蓋了印度11個城市、337所學校、25萬名學生。

「彈性利率」的機制可以鼓動多贏，促成影響力投資所想要創造的「影響力」，特別適合投資在教育領域。

SIB在教育上的應用

SIB社會影響力債券在教育領域也能找到應用例子。

除非特別嚴重的案例，美國大部分的特殊教育學生是放在一般的中小學裡，由學校專門的特殊教育老師，給予這些學生特殊的對待、教導與照顧。這些特殊學生或許只是學習遲緩，或注意力不集中，或有些過動，或不愛學習等等。

但是，政府及學校要在他們身上花費巨大的心力與多年的

經費。我在美國造訪學校的時候，經常感念美國真是有錢（花在教育），甚至感覺要看一個國家是否真正的強大，要看他怎麼對待弱勢（特殊）族群。

猶他州政府為一群3至4歲的孩子做了學前評估，認為其中有110名學童未來上幼兒園及小學（甚至中學，如果情況依舊）時，需要接受特殊教育。但是有另一種說法，這些孩童如果先上一年的學前班，想辦法先對他們做一些教導與矯正，或許將來這些孩子，有可能不用接受特殊教育。

但問題是：學前班並非義務教育，發生的費用誰來出？政府不能出，因為不是義務教育；家長未必願意出，因為就算將來需要特殊教育，費用也不是他們出。

最後，這筆送110孩童上學前班的費用由高盛投資銀行出。高盛跟猶他州政府簽了一個SIB合約，約定內容如下：

- 如果這些孩童將來依然要上特殊教育，則表示學前班教育無效（對降低特殊教育的需求而言）。高盛輸了，必須負擔學前班費用的損失。
- 如果這些孩童將來不需要上特殊教育，則表示學前班教育有效地消除了特殊教育的需求。高盛贏了，政府每年付給高盛2,500美元／每個學生，連付7年（幼兒園到六年級），再加上以後多年逐漸遞減的費用。

一年之後，經過評估，高盛大獲全勝，109名學童不需要上特殊教育。據說，這是美國第一個成功的SIB案例。

對高盛來說，小小幾百萬的收益，實在微不足道，但是對美國SIB的發展進程來說，卻是一大里程碑。頗有當年登月太空人阿姆斯壯豪語的味道：我的一小步，是人類的一大步；高盛的小勝利，是SIB的大進展。

在這個案例裡，毫無疑問的是：

- 學生贏了，因為正常了，不再需要特殊教育了。
- 政府贏了，雖有付出，但節省更多。
- 學校贏了，省下好多資源，可以做更多其他的教育服務。
- 高盛也贏了，雖然不多，但是以這個成功為例，很快地就募集了1.5億美元，繼續做SIB社會影響力債券。

這可真是個皆大歡喜的局面！

教育影響力投資範圍廣、創新多

這裡也只是舉些例子，難以概括全貌。大致有這些類別：

- 開辦學校：無論各種等級或性質。如大橋國際、勞瑞德、新東方、費城的斯睿學校、直線教育與印度的Sri Vidya Bharathi等。
- 教育融資：貸款學校，幫助教育發展。如費城表演藝術特許學校、戴爾基金與印度ISFC的合作。
- 教育地產：獲利空間更大，亦可為影響力投資。
- EdTech教育科技：最受青睞，包羅萬象，種類繁多。運用科技創新，加上網路及軟硬體的配合，從前台的教學，到後台的管理，不一而足。本章舉例的直線教育，就是個集前後台於一身，平價大學學分的課程平台。
- 線上教育：也是發展多年，形式多樣。除了眾多全球知名線上教育外，也包括本章介紹的Tales2go及直線教育。
- 教育周邊的影響力投資：也有很多可發揮空間。如同本章舉例的革命食品，藉由健康食品→頭好壯壯→提升學習。
- SIB社會影響力債券：教育是SIB的重要可行範圍。如高盛在猶他州，消弭特殊教育需求的案例。

　整體來說，教育方面的投資對社會或多或少都會有一定的貢獻（或說，影響力）。但是，並非所有在教育方面的投資都

算是影響力投資，而要看這個創業或投資是否有明確的，可衡量的社會影響力目標及財務獲利目標。

專業的教育影響力投資者

大家都知道，教育對社會的影響力最為深遠，意義非凡。在歐美，除了新創的教育影響力投資基金外，也有不少的商業投資機構，轉而成立影響力投資基金，甚至把教育投資列為重中之重。例如：

- 魯米那基金會（Lumina Foundation for Education）：是美國最大的教育影響力投資基金。他們也支持各類教育全面的研究，倡議並邀請其他基金共同努力，目的要在2025年時，把美國的大學畢業率，從40%增加到60%（Lumina's 2025 Goal），提升美國人的就業競爭力。

- 新學校創投（NewSchools Venture Fund）：模式特別，運用別人捐助的慈善款，來做影響力投資。目前已經投資了2.6億美元，包括470家學校，可教育20萬人；另外還有投資教育科技公司，可以幫助6,000萬人，也投資了教育培訓，主要目標是黑人及拉美的老師。

- 特許學校成長基金（Charter School Growth Fund）：模

式與新學校創投類似，第一筆捐款來自蓋茲基金會，其後有老牌的 Bradley 基金會及最有錢的沃爾頓家族基金會。除了投資特許學校外，也在網飛老闆的幫助下，買下「夢想盒子」（Dreambox Learning），提供 1,800 多種線上學習課程，給學前班到八年級的學童學習。

- 歐米迪亞連線教育倡議（Omidyar Network's Education initiative）：由 ebay 創辦人皮耶・歐米迪亞創辦，關注並研究全球教育及教育生態系統。其專注 EdTech 教育科技，企圖大幅度地解決教育品質與數量不均衡的問題。

- 培生平價教育基金（Pearson Affordable Learning Fund）：由世界級的教材大亨培生公司成立，理所當然地運用他們多年累積的業界知識與能力來做教育影響力投資。

- 美國保德信公司：老牌金融巨頭，運用自己的核心競爭力——金融／投資，自 2017 年也以 10 億美元開始涉足影響力投資，主要關注教育、包容性金融，以及降低犯罪等方面。

其實這只是幾個例子，幾乎所有叫得出名號的傳統大型金融機構都已經開始了他們的影響力投資。這是一個潮流，投資人會愈來愈重視，機構當然不能忽視，更不可落後。

幾點思考

1. 台灣有哪些以教育為核心的慈善機構？以投資教育為主的基金？

2. 台灣有哪些成功的教育事業？或教育投資項目？可否算是影響力投資？為什麼？

3. 除了辦學，你想做什麼教育影響力創業？可以改變什麼？為什麼？

4. 某基金會，發放全額獎學金給出國留學的學生，可否以合約要求這位學生，畢業後，第6年至第20年（共15年），每年總收入的5%，捐贈回來給基金會。這個做法是否可行？為什麼？（這個提問，只是用影響力投資的概念，「投資」學生，有明確的資金回籠「商業模式」，以維持基金會的永續發展。要思考的是「模式」，數字只是模擬。如果獎學金可以，那辦學校時，對學生的學費，是否也可有類似模式？）

第6章

醜，又怎樣──醜食救地球

我很醜，可是我很溫柔。那是趙傳撩妹的話。

有用嗎？有用！

因為，他讓你轉移了注意力，而迎向另一個可能更核心的本質。內在的本質。

美女帥哥不是今天的議題。我們今天的主角是食物，尤其是「醜食」。

醜食，就是同樣新鮮、美味與營養，但是長得「不漂亮」或不合超市規格，過大過小、過胖過瘦的食物，主要指水果蔬菜，當然也包括一些肉類。

請問你，願意購買長得很醜，甚至畸形，例如有兩條腿的紅蘿蔔，或者有褐色斑點的蘋果，或顏色不對的茄子，或看起來發育不良的香蕉？

都看不上。對吧？跟我一樣。

這些都是我們長久以來養成的習慣與審美觀。愛美，很正常。但是你知道因為我們的這些習慣，造成什麼後果嗎？

浪費的豈止是食物！

筆者有次在費城附近，與一位美國白人MBA有機小農聊天，親眼看著他，把辛苦種出來，但不合超市規格的「醜食」，掩埋田裡。真是無可奈何花落淚。

根據聯合國2013年的調查報告《浪費食物對自然資源的影響》，全球有三分之一的食物因為各種原因，被浪費掉了。

美國更猛。不只三分之一，而是40%；愛美的歐洲，也不遑多讓。以今天永續發展的眼光來看，歐盟之前對於允許上市銷售的蔬果，做了不少詳細而荒謬的規定，例如：綠蘆筍必須有80%的長度是綠的、黃瓜每10公分的彎度不能超過1公分（就是不能太彎）、花椰菜直徑不得小於11公分（不能太小）等。這樣造成大量食材不合規格，無法上架。

這些浪費，包括你剛才看不上的那些食物。因為你看不上，所以上不了架。如果賣不出，也送不出，只有做垃圾或堆肥處理。

- 這相當於13億噸的食物，包括穀物（含稻米）、蔬菜、

水果、肉類。

- 這些食物大約價值7,500億美元，比全球排名19的瑞士GDP還要大（聯合國另有估計為9,400億美元）。
- 這些被浪費掉的食物相當於33億噸的二氧化碳排放。這個數字非常可怕，33億噸的二氧化碳排放可以排名全球第三，僅次於美國及中國的排放量！
- 也占用了14億公頃土地，相當於全球農地的28%。
- 浪費的水資源為2,500億噸，約等於1,300個石門水庫的蓄水量。

世界上的水資源、土地資源、糧食資源都非常寶貴，戰爭也常因此而起，更別忘了世界上每天還有8.7億的人口處於飢餓之中。

國際名廚領風潮

如果因此可以減少食物可怕的浪費，你願不願意重新考慮一下，購買那些醜醜的、怪怪的，不合規格的新鮮食材？

我猜，你會跟我一樣：是願意的。這就是消費者的覺醒。

可持續發展，是21世紀的發燒話題，近年來也延燒到食物，甚至世界各地名廚。米其林餐廳紛紛加入搶救「醜食」，

減少浪費的大軍。

西班牙米其林名廚朱邦尼（Nandu Jubany）就不是外貌協會，他說：「食物重要的是其味道、香氣、營養及新鮮，而非外貌。」義大利的國際名廚貝比（Beppe de Vito）說得更有意思：「大自然恩賜的食物就是大自然的樣子，各個不同；在我搬到大城市之前，根本沒見過長得一模一樣的蔬果。」

新加坡的Plentyfull餐廳與當地的食物銀行合作，每天推出新鮮美味的剩食佳餚。同在新加坡的頂級餐館——黑天鵝的主廚艾莉西亞（Alysia Chan）說：「不浪費食材，是我對農夫及土地的尊重。」

除了尊重，還有經濟。

加拿大蒙特婁Maison Publique餐廳大廚達曼（Derek Dammann）說得最直接坦率：「買醜食，對我來說，最經濟划算。」

在這一批批世界名廚及餐館的帶動下，加上消費者的覺醒，「醜食運動」（Ugly Food Movement）已逐漸興起。

全球超市動起來

特別是歐洲，他們甚至把2014年訂為「歐洲拒絕食物浪費元年」，並逐步取消原本蔬果上架的嚴苛規定。超級市場

也聞到了風向，加入戰團，價格便宜30%至50%，絕口不提「醜」，甚至還取了頗富巧思的名字，用力促銷。

例如，法國著名連鎖超市Intermarché刻意推出「醜蔬果」計畫，稱這些不漂亮的蔬果為「不爭奇鬥豔」，英國的ASDA超市則稱其為「參差不齊」。在大西洋彼岸，加拿大最大的連鎖超市Loblaws推出了「自然不完美」系列；而澳洲超市則大力促銷「怪怪蔬果包」，還請來世界名廚奧立佛（Jamie Oliver）為醜食站台。

成果一定很豐碩？未必。有好有壞。

一方面，消費者教育，觀念的轉變，還需要一步一步來。另一方面，超市本身也沒使出全力。因為他們總是擔心，低價的醜食，影響了其他正常產品的價格。

解決食物浪費並節約全球資源，這麼重要的社會議題，影響力投資能起什麼作用？

宅配醜食，拯救地球

在美國，Misfits Market提供每週一次的「有機醜食蔬果箱」宅配到府。食物不必挑，也不可挑，頗有無菜單料理概念。什麼當季就吃什麼，足夠2至3人小家庭，吃一個禮拜。每週（每箱）22美元。

　　這時髦的商業模式，叫做「訂閱制」。這家的訂閱制，只有兩種規格，名字都很有趣：小箱的叫「惡作劇」（Mischief），10至13磅重，22美元。大箱的叫「瘋狂包」（Madness），18至22磅重，35美元。

　　因為簡單，所以有效率；易複製，方便擴大規模。

　　因為是訂閱制，消費者事前不知道產品的內容及品相，有點像我們的福袋，所以公司的信譽特別重要。非但食物不能差，還要讓客戶有物超所值的感受。事實上，看了他們所送的貨品，也沒我們想像的那麼醜。有興趣的讀者，或可上YouTube看看Misfits客戶的開箱獻寶。

　　為了搶救醜食、不浪費，這是影響力企業Misfits Market的對策及商業模式。

　　Misfits Market的名字挺有意思，直譯為「錯搭市場」，其實也就是要告訴世人，他們要做的並非一般品項的產品。

　　公司願景在於：平價供應新鮮、營養、好吃、多元的「醜食」蔬果（長相不佳、規格不均），以期能大量地降低食物浪費，創造正面且長遠的影響。

　　該公司向有機小農採購他們的剩餘農產品，多半是品相不佳，或規格不符的蔬果。小農很開心，因為增加了收入。雖然是剩餘產品，他們依舊檢查嚴格、分類仔細，並且使用環保材質認真包裝，用水溶解的玉米製品做蔬果隔離板。既環保，又

創造就業，是很好的影響力方案。

Misfits 從農場收到什麼，就配送什麼。因此，客戶每週收到的宅配，都是當令時鮮，多元健康，省錢也省時間。此外，還覺得自己的參與就在減少浪費、拯救地球。客戶的滿足，虛實結合，當然也特別開心。這是企業成長快速的重要原因。

這家自費城附近起家的新創公司，原本只是幫忙有機小農去化醜食，2018年才成立。短短1年多，業務已經覆蓋美國11個州，員工人數也已經成長到200多人。由於成長快速，市場前景遠大。引來不少創投公司的追捧，成立1年來已經投資了4,700萬美元。

Misfits market 以企業經營的思維及模式，解決了食物浪費的社會及環境的問題，又賺取了該有的企業經營利潤，是家典型的影響力投資企業。該公司目前專攻有機醜食，但是接下來他們也會配送一般（非有機）醜食，再接下來，還會加入其他的食物類別。

原來，他們的目標（或說願景）並非醜食，也非有機，這些都只是個開始。他們的目標，要在全美國，平價供應原本可能被拋棄的食物，以減少浪費。

都是蘋果惹的事

這個遠大的夢想及拯救浪費的實際行動，來自費城周邊不遠處的蘋果園。

20歲出頭的阿比·拉梅什（Abhi Ramesh），與朋友歡樂地採摘蘋果。樹旁休息之時，和偉大的牛頓一樣，親眼看見蘋果落下。來自華頓商學院的阿比，不是物理學家，當然不會發明任何定律。但是他觀察到，果農迅速地把掉在地上及採摘下來的蘋果分類，分別放進不同的簍子。紅色簍子裝的全是個頭太大或太小，或長相不勻稱，或顏色不鮮紅，或表皮有斑點等等，均是難以上架超市的「瑕疵品」，或本文所稱的「醜食」。

當天看到的「醜蘋果」就有數千個之多。阿比出於好奇，問果農：這些蘋果要去哪裡？

果農有點無奈，聳聳肩說：「其實我們也不確定。就先堆在農場，有人經過，願買就賣。再過些時候，或丟棄，或堆肥，或餵豬。」

看到這麼多香甜多汁的爽脆蘋果，還沒出場，就慘遭「淘汰」，阿比暈倒了。回家做了些研究，發現美國人真是可怕，每人每年買了而沒吃的食物，平均高達3,000至5,000美元。也就是每週70至80美元。再加上這些根本沒有上場的「醜食」……天文數字啊！

　　阿比接著研究這些食物的浪費，會對人類社會及環境造成什麼樣的影響。阿比暗暗地告訴自己，讓我來做些什麼吧！

　　當然，Misfits Market並不是美國唯一以拯救醜食，減少食物浪費為目標的企業。其他例如「不完美農產」（Imperfect Produce）及「飢餓豐年」（Hungry Harvest）等，都是同類企業中，更大更久的成功公司。他們的營運模式略有不同，但是都不約而同地，運用採購而來的食材，做各類的慈善捐助，幫助連醜食都買不起的朋友。

　　批評當然也有。

　　主要的批評是：本來這些上不了架的「醜食」，可以直接捐贈到食物銀行或其他慈善機構，免費供應給所需群眾。現在貪便宜的中產階級在搶救醜食（並且拯救地球）。原來免費食物沒有了，真正的弱勢再次被傷害。

　　並非全無道理。但是，只要了解美國鄉間小農與食物銀行的距離與運送成本，你或許就會有不同的看法。

專業或業餘，企業或慈善

　　本章舉了三種方案來解決醜食。

　　餐廳／名廚引領風潮，提供了很好的社會宣導。

超市響應了社會氛圍與客戶需要，但是投鼠忌器，怕壞了行情。

影響力企業（如Misfits Market）全心投入，以企業思維，簡單有效率，可複製、可擴充的商業模式，雇用了員工（創造就業），解決了食物浪費的社會問題，服務了客戶（也讓客戶參與解救地球），賺取了應有的利潤，讓投資者獲利，還照顧了更為弱勢的族群。

其效率與效果的差別就在於：專業或業餘，企業或慈善。

趙傳說，我很醜，但我很溫柔；
蘋果說，我很醜，但我很好吃；
番茄說，我很醜，但我很營養；
蘆筍說，我很醜，但我很省錢；
因為我們都有：內在美！

我想問，在台灣，
哪裡可以吃到這些內在美？
哪裡可以買到這些內在美？

幾點思考

1. 台灣最不缺的就是愛心。那麼食物銀行之類的組織，在台灣的發展如何？數量？規模？

2. 對於「醜食」，在台灣通常怎麼處裡？台灣地方小，交通便利，運送應該不是問題。

3. 「醜食」在台灣有無企業化、市場化的處理？數量？規模？機會？困難？

4. 醜食與遊民，能有什麼交集？怎麼做？政府角色？

第7章

麥肯錫商業怪傑連續創辦的「影響力企業」

2019年8月，美國1天內2起重大槍擊事件，造成30人死亡，數十人受傷，現場目擊群眾的心理創傷短期內也難以平復。

眾所周知，美國槍枝氾濫，血腥暴力頻傳。據統計，美國人口3億多，擁槍4億支，比後面25個國家加起來還多。包括自殺，每年約4萬人死於槍下，亦即平均每天100多人，其中包括近2萬名未成年的孩童青少年。數字屢創新高，趨勢還在惡化。

問題：你是美國人，住在美國，當然知道這些。那你，會做什麼？

1. 不做什麼：小心謹慎，危地不去，求神拜佛，以保平安。
2. 擁槍自重：在美國買槍容易又不貴。有人來犯，拔槍互拚。
3. 促進修法：參與或捐款等，立法禁槍或減槍。

商業顧問另有妙方

前麥肯錫顧問彼得‧桑姆（Peter Thum）可不這麼想。他認為坐而言，不如起而行，要用創新的方式，來解決社會問題，又以商業的模式，賺取合理的利潤。這是標準的影響力投資思維。

他的設想：把醜惡的非法槍枝，幻化成美麗的高檔首飾，所得利潤資助貧困地區青少年的教育與成長，從槍枝暴力的源頭，灌溉出健康的新苗。

2013年彼得‧桑姆創辦「自由聯合」（Liberty United），其珠寶首飾設計簡約、厚實現代，頗為突出亮眼，但是價格不算便宜。手環最便宜的50美元，其他首飾耳環項鍊可以到1,000多美元。

最特殊之處，就在於每件首飾都刻印了一個明顯的序列號。這些號碼既非標誌金屬的純度（例如黃金），也不是製作

序號（例如版畫），而是槍枝號碼，述說著首飾材料的來源
──槍枝。

　　例如某件基本款的項鍊，售價99美元，就是用彈殼及手
槍金屬製成。子彈殼的6個面，有2面刻著Liberty United字
樣，另外2面刻的是REMADE IN THE USA（在美國重新製
造），最後刻的是460495（槍枝序列號）。

　　網站上清楚標示，購買這個產品，我們會捐款資助1位學
童完成一系列防治槍枝暴力的課程，並且買一送一，學生一旦
完成課程，還會獲贈1條價值30美元的手環。

　　這當然是件有話題性的飾品，得到很多有愛心的時尚人士
喜愛，也經常喚起大家對槍枝暴力的關注。為了擴大銷售，增
加影響力，「自由聯合」也與許多不同飾品或時尚公司的大師
合作，例如亞曼尼（Armani）、高仕金筆（A.T. Cross）、Giles
& Brother的菲利普‧克蘭奇（Philip Crangi）、紐約珠寶設
計師帕米拉‧洛芙（Pamela Love）等，用槍枝或子彈為原材
料，創新設計出不同的時尚飾品，並透過他們的管道銷售。例
如有件由帕米拉‧洛芙設計的銀色綠松石手環（售價1,295美
元），也刻上了6把槍枝的序號。

　　最重要的是，運用各類銷售利潤，「自由聯合」與多個特
定區域的政府機構，包括警察單位，取得沒收的非法槍枝，也
與當地非營利組織及國高中合作，共同幫助青少年的教育與成

長，提高社會安全，包括戒毒、反暴力、健康醫療、藝術及興趣發展、行為監管、職業培訓及生涯規劃等等，盡力幫助青少年改邪歸正，步入正途，不受誘惑與威脅，從源頭解決問題。

學生完成反槍枝暴力的課程後，會獲得一份證書及「自由聯合」的一條「反暴力行動手環」（Armwear for Action），進而形成校園內，反暴力的聯合力量。該公司希望未來幾年內，在全美國大幅建立會員學校（國中及高中），擴大青年教育與校園安全。

這做法造福了多方人馬：

- 合作的時尚公司與設計師，獲得了新的靈感與命題，增加了作品與利潤。
- 社會福利機構獲得了穩定長期資助，得以提供最好的社區教育、健康及反暴力服務。
- 政府與社區減少了暴力與毒品，增加了安全，培養了子弟，繁榮當地，增加稅收。
- 而「自由聯合」自己則有名有利。

幻化靈感，來自非洲

彼得・桑姆之所以想得出這麼好的點子來轉化結構，是因

為在2009年，他就已經在非洲為了減少步槍的擴增，成功創辦了類似公司——鑄造47（Fonderie 47）。

2008年，彼得‧桑姆在非洲研究一個與水資源有關的項目，他碰到了一些男孩及青少年，個個都背著AK47突擊步槍。非洲大地衝突嚴重、死傷慘烈，小孩背槍稀鬆平常。

但是看在彼得‧桑姆眼裡，總覺得相當違和。他暗下決定，要把AK47轉化成美麗高貴的飾品，變成與他製造目的完全相反的事物，藉此來消弭槍枝傷害，並喚起世人的關注。因此他成立了「鑄造47」，熔消槍枝，浴火重生，創作美麗飾品。

當時在非洲大陸，鑄造47的飾品設計更為粗獷、厚重，也更有個性。例如有件由詹姆士‧德‧紀梵希（James De Givenchy）設計的浴火鳳凰系列戒指（售價10,000美元）及手環（售價70,000美元），每件飾品都刻上了AK47的槍枝序號。另外，與高仕金筆合作的金筆（售價4,700美元），風格也頗為粗曠時尚。

除了刻上槍枝序號，鑄造47還會給出另一組號碼，說明為了做這件首飾，毀掉了多少件武器；這也就意味著，你買的這件首飾，「幫忙」毀掉了多少殺人利器。例如，有一組14K白金及黑化鋼所做的袖扣，售價11,000美元，這副袖扣用了30支突擊步槍的材料（亦即毀去30支步槍）。所以，不僅僅在袖

扣上刻了槍枝序號，袖扣買家也會收到一組30個序號，代表
這個購買（首飾）的行為幫助銷毀了哪30件武器。

　　鑄造47已經銷毀了70,000支AK47。彼得・桑姆說，關鍵
在於你怎麼把一個問題（例如槍枝暴力），轉化一個型態（時
尚首飾），交到某人（買家）手中，讓這個兩者（問題及解
方）有所關聯，但又完全不同。

星巴克看上他的第一次創業

　　除此之外，彼得・桑姆先前還創辦了一家知名的「影響力
企業」——社會思潮瓶裝水（Ethos Water）。這是他在英國麥
肯錫顧問任內，2001年出差到南非，看到許多貧困地區完全沒
有乾淨的飲用水的想法。

　　他簡直不能相信，世界上有10億人無法獲得每天必需的
乾淨飲用水。他相信一定有什麼辦法，以企業經營的精神及模
式，長期穩定地提供資源，來改善飲水衛生條件。這個念頭老
在心中盤旋，揮之不去，促成了他的「下海」創業。

　　由於他以前曾經在葡萄酒及飲料公司任職，深知人們願意
花費高額代價，購買知名高檔飲用水，如依雲（Evian）、聖佩
黎洛（S. Pellegrino）等，因此決議辭去麥肯錫的高薪顧問工
作，搬回美國。之後，邀請他西北大學MBA同寢室的同班同

學喬納森‧格林布拉特（Jonathan Greenblatt）成為他的事業夥伴。

　　隨後開創了「社會思潮瓶裝水」品牌，作為一家有社會使命的營利事業，其企業使命就是：幫助孩子獲得乾淨的飲用水。

　　這是他第一次創業，也是最艱難的一次創業，因為既不是高科技（非主流投資領域），也沒有競爭優勢，例如沒有現成的品牌或通路，甚至沒有生產能力，更何況還打算將一半利潤捐給貧困地區。沒人願意投資，他們就不領薪水，自掏腰包，埋頭在家苦幹。

　　公司2002年成立，2003年8月第一瓶水在家附近的小店開始銷售，當時還向母親的朋友借來旅行車作為送貨之用。無論多麼困難，他們依然堅持不忘初衷，每賣出1瓶水，捐出5美分給貧困地區。

　　幸運之神終於從兩個地方降臨。一是，他們說服了「全食超市」（Whole Food）＊上架他們的瓶裝水；二是，獲得了第一位投資人歐米迪亞連線的青睞。如前文所述，該創投是由ebay創辦人皮耶‧歐米迪亞創辦，專門投資非營利機構及有社會使

＊「全食超市」（Whole Food）為美國中高檔有機食品連鎖超市，為一家上市公司。於2017年被亞馬遜公司以137億美元收購。

命的營利機構。

　　其後，皮耶‧歐米迪亞又把他們介紹給星巴克，使得產品在星巴克千千萬萬個門市銷售。2005年，星巴克以800萬美元，買下社會思潮瓶裝水公司。彼得‧桑姆和他的創業夥伴及歐米迪亞都發了一筆不錯的小財。彼得‧桑姆留在星巴克3年，擔任副總裁，並同時繼續掌管這瓶裝水事業。

　　不要小看這每瓶礦泉水捐助的5美分，社會思潮瓶裝水公司已經累計捐出1,380萬美元！嘉惠超過50萬人！

　　喬納森‧格林布拉特現在也是美國知名的社會企業創意大師。在社會思潮瓶裝水公司之後，又連續創辦了多家非營利組織，包括All for Good（AFG）平台、Good Worldwide媒體公司。也在百年老店、著名的非營利機構「阿斯彭研究所」（Aspen Institute）裡面創建了「影響力經濟倡議」（Impact Economy Initiative），專門幫助新興市場國家的社會企業及影響力投資。也擔任過「反毀謗聯盟」（Anti-Defamation League, ADL）第六屆全國主席，並在白宮擔任歐巴馬總統的特別助理，以及白宮「社會創新及公民參與辦公室」主任。2015年開始在華頓商學院社會影響力中心（Wharton Social Impact Initiative, WSII）擔任資深研究員。

　　喬納森說，我們「社會思潮瓶裝水」並不是捐水給貧民，也沒有興趣捐助供水項目，我們捐的是飲水系統的整體結構改

變，以確保乾淨的飲水可以源源不斷地持續供應。

　　這正顯示了他們一直以企業的精神、市場的方法，來為世界上的社會問題提供解決方案。

　　彼得‧桑姆大學時期曾是該校橄欖球校隊隊長，練就一身健康體魄與堅持精神。後來就讀西北大學MBA，並任職麥肯錫顧問公司，融會了商學教育的理論與實務。

　　他悲天憫人，看到社會問題，願意想方設法，以企業經營的方式，有效率地解決問題、擴大規模，並建立可持續發展的系統，同時捲起袖子，克服困難，堅持初衷。幫助了別人，也成就了自己。

　　這正是「影響力投資」的典範：**數著鈔票，改變世界**。

幾點思考

1. 社會企業創業家與一般企業創業家，其成功要素有何異同之處？
2. 你可以設想一個台灣當前的社會問題，為其建構解決方案。
3. 實務上，影響力投資可以怎麼幫助社會企業？

第 8 章

誰說不可以投資上市公司？
股市中更有影響力

　　有不少人對我說：影響力投資？非常感興趣，既可行善，又可致富，何樂不為呢？

　　接著又問：可是我不想到印度去建學校，也不想去衣索比亞銷售太陽能。事實上，我也沒有能力去，無論時間或者金錢，都不允許我這麼做。我這幾百萬的資金，過去幾年內，只做上市公司的投資。而且我也只想投資上市公司。那我可以在上市公司裡，做影響力投資嗎？

　　這是個太重要的問題！對你，也對影響力投資的發展。

　　因為，影響力投資一定要進入上市公司的主流資本市場，才有可能帶動大批的私人資本，共同解決公共議題。

　　這是這幾年的流行疑惑，以為影響力投資，只適合初創公司或實體資產（例如醫院與學校），而無法投資上市公司。

今天，他們對了64%。

根據全球影響力投資聯盟（GIIN）2020年度調查，全球影響力投資資產約為7,150億美元，其中，上市公司股票占19%，上市公司債券占17%，合計已達36%。

更重要的是，以上4個數字，都在快速成長。根據趨勢，筆者估計2021年最新的年度調查，上市公司的占有率將為40%左右，且成為三種資產類別（上市、非上市及實體資產）中的最大宗。

根據華頓商學院的研究，未來五年，影響力投資將成長到7兆美元。主要的成長來源是影響力投資在上市公司中的占有率。

接下來的問題是：我們可以投資哪些上市公司，以滿足我們參與影響力投資的意願？

在上市公司中，找影響力投資

上市公司體量龐大，觸角較多，影響複雜，要完全符合影響力投資的所有要求，的確比較困難。

作為一個普通投資人，要去研究一家上市公司對內對外的所作所為，是否符合影響力投資的要件，幾乎就像湯姆・克魯斯（Tom Cruise）一樣，在演《不可能的任務》（*Mission:*

Impossible）。

在上市公司裡面，追求「向善」的力量，投資「良善」的公司，有一個演變的過程：

最開始，先摒除「不好」的公司，例如，製造販售槍砲武器、菸酒、大量耗能或製造汙染的公司。

然後，開始挑選「公司治理」排名靠前的公司，公平友善透明，對待每一方利害關係人，包括顧客、供應商、員工、股東、社區等，也重視男女平權、報表正確、實話直說、風險管理與前瞻健康的企業。

接著，又開始注重「企業社會責任」（CSR）的履行。除了節能、減塑、禁用童工等外，不少公司也多了年度淨灘活動。世界最大的250家企業，90%以上，於2018年出刊了CSR報告。這個比例在2002年，只有45%。

隨著投資人對企業關注焦點的推移，市場上也出現了各種不同的相關指數與排名，有的專注公司治理，有的依據企業社會責任，有的則把「永續」當作核心，編列了ESG（環境、社會、公司治理）指數，供投資參考及比較。

對上市公司的影響力投資，這幾年基本以聯合國永續發展目標（SDGs）為基準。有的指數，要求公司至少有50%以上的收入，來自SDGs的17項目標，例如消除貧窮、消除飢餓、消除不平等、促進健康、有教無類、性別平權、居住正義、永

續能源、永續經濟、永續海洋資源等等。

　　上市公司如果達到上列標準，加上其他不同的條件，就有可能被列入「影響力投資指數」，成為其中的成份股，大幅提升其能見度及被投資的可能。投資人多了，股價可能上升，籌資成本會降低，競爭力會提升，投資人也更有獲利的機會。這是個良性循環。很多上市公司都有意爭取列入影響力投資指數，就如同以前都樂意被納入各類「大摩指數」（MSCI）及ESG指數一樣。

　　50%以上收入來自17項SDGs目標的認列標準，還是非常寬鬆的。但是可以很有效地鼓舞公司朝這方面努力。（以後標準一定會更嚴格，這也是個演進過程。）

　　回到前面的問題：哪些上市公司可以算是影響力投資？

　　首先，讓我們先來看看「影響力投資指數」吧。

影響力投資指數

　　影響力投資歷史不長，以永續或ESG為名的指數非常多，但是影響力投資專屬的指數並不多。

　　這幾年市場上推出了2個上市公司的影響力指數，標誌著影響力投資正式登場上市公司的資本市場主流：

- 2016年的大摩全球永續影響力指數（MSCI ACWI Sustainable Impact Index）
- 2018年的晨星社會發展指數（Morningstar Societal Development Index）

筆者認為「大摩全球永續影響力指數」邏輯清晰正確，直指影響力投資的本質，更容易讓我們明瞭成分股選擇的重點，以及與現在流行的ESG投資的異同，因此先來簡單說這一指數。

該指數成分股挑選過程分成3個主要步驟：

1. 除惡：產業的選擇上排除了對人類有害的產業，如菸酒、賭博、武器等。

2. 高ESG：大摩用自己的3種ESG評量工具，挑出ESG評價較高的公司。其平均ESG為7.8（最高10），為AA級。比母體（大摩全球股指MSCI ACWI）高出25%以上。這意味著這些公司的營運更符合ESG精神、更公平透明，對利害關係人（包括人類及地球）更為友善。

3. SDGs貢獻度：必須至少50%營收（產品與服務）對SDGs有直接的貢獻。也就是對我們所面臨的環境或社會問題，以產品或服務，提出具體的解決方案。

　　以上挑選成分股的3個步驟，也正好符合影響力管理項目
（Impact Management Project，簡稱IMP，是來自英國、國際上
重要的影響力投資規則制定機構）的影響力ABC分類：A：
避免傷害（Action to avoid harm），B：有利各方（Benefit to
stakeholders），C：貢獻解方（Contribution to solutions）。

　　從對影響力貢獻的解方來看，該指數從17項聯合國永續
發展目標（SDGs）中，挑選整併成4類可以具體行動的主題方
向，分別是：

1. 基本需求：包括食品營養、疾病醫療、衛生環境及社會
   住宅等4項。
2. 賦權弱勢：包括教育、微型貸款及網路連結／數位平等
   等3項。
3. 氣候變遷：包括替代能源、能源效率及綠色建築等3
   項。
4. 自然資源：包括永續水資源、防治汙染及永續農業等3
   項。

　　經過這3個步驟挑選出的成分股，基本上不會傷害人類
（不作惡）、較高的ESG（營運公平透明、友善各方），且至少
50%以上營收來自上列範圍、貢獻SDGs，對社會環境問題提

出解方。

　　2019下半年時，全球有超過45,000家上市公司，其中「大摩全球股指」成分股有2,852家上市公司。「大摩全球永續影響力指數」以大摩全球股指的2,852家公司為母體，根據上述3步驟，在其中挑選113家符合影響力投資的公司股票，作為該指數的成分股。

　　這113家上市公司的營收中，符合上述4類影響力主題的部分，合計超過4,860億美元，平均每一家40多億。在這方面的收入，也就是在這些永續發展目標（SDGs）的直接貢獻。

　　在環境方面占61%，其中氣候變遷方面為2,000多億（42%），自然資源為900多億（19%）。而社會問題方面占39%，其中基本需求為1,600多億（34%），賦權弱勢為260多億（5%）。

　　這113家上市公司大約有三分之一分布在美國，日本近15%，中國及英國各近10%，法國7.5%。

　　如果你想要自行投資上市公司來執行你的影響力投資理念，大摩已經幫你做了一部分的功課，這113家上市公司，可以是你影響力投資的選擇。

　　究竟大摩挑選了哪些公司？這裡列舉該指數中，權值排名最大的10家公司，以為參考：

1. 優美科（Umicore）：比利時公司，防治汙染的產品及服務，也回收電池及金屬廢棄物。

2. 艾伯維（Abbvie）：美國公司，研發生產治療 C 型肝炎及愛滋病的藥物，也製造使用人數較少、研發較困難的「孤兒藥」。

3. 莊信萬豐（Johnson Matthey）：英國公司，業務為貴金屬產品、催化劑、藥品原料、汙染治理等。

4. 特斯拉（Tesla）：美國公司，業務為電動汽車、太陽能板、儲能設備。

5. 寶僑公司（Procter & Gambles, P&G）：美國公司，個人護理及家用清潔品。

6. 東日本旅客鐵路（East Japan Railway）：日本公司，業務為鐵道運輸及周邊經營集團。

7. 新東方教育（New Oriental Education）：中國公司，英語補習教育。

8. 維斯塔斯（Vestas Wind Systems）：丹麥公司，提供風力發電技術、系統及服務。

9. 吉利德科學（Gilead Sciences）：美國公司，生物製藥。

10. 蘇伊士環境集團（Suez）：法國公司，業務為水資源、廢棄物管理、能源。

以上10家公司的權值占這113家公司組成指數的39%。（蠻重的！）

純粹好奇，有沒有台灣公司？有的，有3家，分別是：統一企業、台灣高鐵及佳格食品。再數一數，中國大陸有17家，而小小的香港有5家。

另外一個更為簡單的方法，一次滿足113家股票的做法就是：購買參照這個指數做成的「指數股票型基金」（Exchange Traded Funds，下稱ETF）。

例如，世界最大的資產管理公司貝萊德就以「大摩全球永續影響力指數」做了一款ETF：iShares MSCI Global Impact ETF（代號：SDG，旗幟鮮明！）。該基金目前規模約5億多美元，其投資利潤績效也還不錯，過去1年約45%，5年的績效約130%。或許可以說，並沒有為了對世界永續大業做貢獻，而犧牲了財務報酬。

以上資訊基本根據2019年下半年資訊。目前（2021年上半年）意義完全相同，但數字及資訊已略有改變。例如，113家上市公司已成長到243家，台灣公司佳格也已不在列上，10大持股同樣也略有調整。

也有用其他影響力投資指數做成的ETF，例如根據晨星社會發展指數做出的ETF，其股票代號為SDGA。再例如，SPDR SSGA Gender Diversity Index ETF（代號：SHE），是追

蹤 SSGA Gender Diversity Index，該指數專注挑選達到性別平權指標的公司。

　　其他類似目標的指數也很多，例如以永續與 ESG、或 SDGs、或綠色、或低碳等為目標，根據這些指數做出來的 ETF 當然也就更多了。

　　購買 ETF 是比較簡單，也比較便宜的方法。讓你可以聚焦個人價值觀，根據某一指數，來挑選「一籃子股票」，進行你的影響力投資，去解決你希望解決的社會問題或環境問題。

　　ETF 的投資基本跟著相應的指數跑。指數漲，它也漲；反之，亦然。相對簡單，也因此投資管理費用較低。

影響力投資共同基金

　　還有一種基金，叫「共同基金」（Mutual Fund）。它是由專業投資機構，募集、研究、買賣，替投資人管理一個「投資組合」，其投資獲利目標是打敗其所選定的參照指數（或大盤指數）。

　　這類共同基金，當然有很多不同的選擇，或投資不同國別，或專注新興市場，小型股、績優股、能源股等等。當然也有以永續、ESG、SDGs 或影響力投資為主題的選擇。

　　與影響力投資相關的基金不少，下面列舉一些不同國別、

不同影響力主題、不同資產類別（股票或債券）的共同基金：

- Pax Global Environmental Markets Fund：專門投資以創新方案，來解決下面四個方面問題的公司：1. 能源，2. 水資源，3. 廢棄物及資源再生，4. 永續食物、農業及森林。基金規模160億美元，持有49家股票。

- TIAA-CREF Social Choice Bond Retail（TSBRX）：由美國教師退休基金會（TIAA）成立，這個債券共同基金是個組合型基金，80%投資債券（公司債券、地方政府及聯邦政府債券），20%股票。其中10%投資在解決社會及環境問題有關的公司，例如社會住宅、社區發展、永續能源及自然資源等。基金規模44億美元。

- Parnassus Endeavor Investor（PARWX）：很特別，專注投資在對員工提供友善工作環境的公司。因為他們相信，友善的工作環境，不但是員工福利，同時也可以創造更大競爭力。因此他們相信，投資這類公司可以長期獲利。另外，他們也不投資菸酒、武器等「作惡」的公司。資金規模40億美元，投資30至40家公司，過去五年的平均報酬約14%。

- Vanguard FTSE Social Index Fund Investor Shares（VFTSX）：該基金除了不沾菸酒武器外，也不與核能

打交道，不投資軍火商。主要投資健康醫療及科技公司，並且要求董事會裡至少有一名女性董事，同時不能有任何違反人權的事情。該基金規模65億美元，投資將近500家公司，最大的投資在蘋果公司、微軟及Google。其投資績效長期以1%之差，打敗標準普爾500指數（S&P 500）。

- FP WHEB Sustainability Fund：英國的影響力投資公司。該基金100%投資在SDGs，投資範圍擴及全球。主要的投資類別為自然資源效率（29%）、健康醫療（27%）、永續交通（12%）及環境服務（8%）。基金規模4億美元，投資50多家公司。

- Triodos Pioneer Impact Fund：荷蘭影響力銀行發行管理，資金規模3.5億歐元，在全球投資46家中小企業。主要投資在健康醫療、循環經濟、能源、水資源等領域（本書第十二章對該銀行有詳細介紹）。

- Parvest Climate Impact：由法國巴黎銀行（BNP）管理，專注投資在再生能源、能源效率、水處理、汙染管理及廢棄物管理等方面。基金規模將近10億歐元，在全球共投資50多家企業。

為了簡單與分散，投資共同基金及ETF都是很好的選擇。

如果還是想要投資與自己價值觀相當吻合的個別公司，該怎麼找？

其實，上面的這些共同基金或 ETF 都相當公開透明，他們所有的投資組合，甚至個別公司的投資比例，都清清楚楚。找出他們的投資組合，重複愈多次數的公司，可能就是影響力愈大，財務報酬也愈好的公司。

以上列基金為例，除了前面已經列舉的公司外，其他例如亞馬遜、AT&T、美國銀行、VISA、好市多（Costco）、史賽克（Stryker）、法國施耐德電機、英國培生教育等，都是影響力投資上市公司的熱門股。

有意思的是，查找這些影響力投資熱門股的過程中，又發現一家台灣公司——旭隼科技（Voltronic Power Technology Corp）。這家研發製造不斷電系統、逆變器及太陽能產品的 ODM（原廠委託設計代工）公司，憑藉研發實力、品質控制及製造能力，在能源節約及能源普及方面做出巨大貢獻。

由於旭隼科技在能源方面的貢獻，得到英國最大的資產管理投資公司安本標準投資管理＊的讚賞，不但由他們的全球影響力股權基金（Global Equity Impact Fund）投資旭隼，還在該

＊ 安本是一間老牌知名的英國資產管理投資公司，特別注重 ESG 投資，也早已開始多方涉獵影響力投資，亦是本書第一版的出版贊助人。第十五章會有較詳細介紹他們 ESG 及影響力投資的研發與實踐。

公司影響力投資的專刊中予以特別介紹。

　　以上所有基金介紹，僅僅是影響力投資上市公司的例證說明，與筆者全無關係，也非投資推薦。這幾年影響力投資相關的共同基金及ETF的發展都相當迅猛，可能因為跟大家（投資人、基金管理人）都有意把自己的價值觀與投資連結在一起。當然大家關心的除了影響力之外，還有投資報酬率。只要看影響力投資基金的迅猛成長，應該也已經得到了答案。

　　影響力投資在上市公司方面的投資績效，與他們相對應的大盤指數相比，有輸有贏，在誤差範圍之內。這些公司大半管理優質，比較不容易出大紕漏，賺得差不多，但睡得較安穩。

　　根據摩根士丹利一份研究顯示，80%的千禧世代年輕人願意做影響力投資，而20至20年內，千禧世代將擁有全球數十兆美元的資產（繼承及自行賺取）。這將再度大幅推動影響力投資，在上市公司主流資本市場中的比例。

　　根據這個研究，我們估計影響力投資總金額會大幅提升。並且上市公司投資在影響力投資中的占比，也會迅速地從目前36%，上升到超過一半。而影響力投資在主流市場中的良性循環，會是吸引更多資金資源的更大動力。

　　如果你是一位對影響力投資有興趣的投資人，不妨問問你的理專，如何幫你找到國內外合適的投資標的，無論是個別股票或基金。

　　如果你是金融界的朋友，是否也可以考慮在國內外推薦影響力投資的產品，無論個股或基金。甚至，可否考慮引進或建立影響力投資的產品，來滿足國內投資人的需要。

　　這，一定是個趨勢。

幾點思考

1. 台灣哪些上市公司，合乎你心目中影響力投資的標的？以聯合國 17 項永續發展目標（SDGs）為例，他們合乎哪幾項？

2. 如果有興趣投資對社會或環境有影響力的上市公司，你希望你的理專幫你做什麼？例如，推薦台灣影響力投資上市公司個股？外國上市公司個股？外國 ETF 或共同基金？國內影響力投資 ETF 或共同基金？（注意：國內尚無「影響力投資指數」）

3. 如果要在台灣發行一個「影響力投資共同基金」，需要哪些條件？前期工作與步驟為何？

4. 編制一個影響力投資指數，有哪些困難待克服？挑選成分股的標準可以有哪幾種不同的方法？這是一個重要的基礎。

第9章

醫療健康——
影響力投資的永恆話題

救人一命，是生命旅程中最有價值的經驗之一。

——聖雄甘地

簡單好記的救人事業

在哪裡昏倒有差嗎？

當然有差。

沙費‧馬薩（Shaffi Mather）發現媽媽在睡夢中嗆到幾乎窒息，但是，他完全不知道該打電給誰來尋求幫助。後來，經過加護病房的急救，母親所幸救了回來，但是這個經驗卻太令人震驚了。當時他們在印度的喀拉拉。

幾天之後，馬薩的好友拉威‧庫斯納（Ravi Krishna）的

母親，暈倒在紐約曼哈頓，4分鐘後，母親就上了救護車。

差別在哪裡？在地方？當然是。貧富差距與基本醫療服務？當然也是。

最重要的差別在911，一個簡單好記的號碼。需要時，隨叫隨到的救護車服務。

2004年，在印度孟買，5個朋友——馬薩、庫斯納，以及3位他們在美國讀書時的好友，買了2輛救護車，2005年，又加買了10台，創辦了一家緊急救護醫療服務公司——「立即載醫療服務公司」（Ziqitza Health Care Limited, ZHL），並把該服務定名為：1298救護車（Dial 1298 for Ambulance）。

1298，就是那個簡單好記的號碼，在印度孟買。

他們商業模式，也很簡單好記：叫救護車送病人去私立醫院的，按規付費；叫車去公立醫院的，免費或優惠服務。

這個模式叫做「交叉補貼」，既可產生收益，以支付營運成本，又可造福貧民。這完全是他們設立這家公司的宗旨：解決醫療資源匱乏的同時，又能為股東創造營運利潤。典型的影響力企業。

15年過去了，1298發展得非常好，至2019年年底，公司有3,200輛救護車，在印度16個州（印度共29州）營運，約1萬名員工，年營收6,500萬美元。

他們培訓了41萬名專業醫護人員，總共載運了2,200萬人

次去醫院，其中包括766萬名孕婦。最有趣的是，在他們的救護車上，接生了2萬名嬰兒。

2008年11月26日孟買恐怖襲擊，造成195人死亡，300餘人受傷。在警方人員尚未抵達現場，劃定警戒線之前，1298已率先到達，運送了125位傷者，挽救生命。

他們呼應了印度國父聖雄甘地的話，這些年來，不知道救了多少條命，他們的人生經驗想必特別豐富和有價值吧。

牛津賽德商學院（Saïd Business School）及史丹佛商學院等好幾所世界頂尖的商學院，都把1298的故事，寫成商業個案，供很多MBA學生研究討論。他們的成就受到世人的矚目，當然也獲獎無數。但是他們的成就非但得來不易，除了他們自身的努力外，也集合協作了多方力量與資源。

這5位創辦人都在印度生長，多半讀到大學，也多半在印度有不錯的專業工作（律師、科技、商業、電信等），對印度的社會情況相當了解。當時他們根據研究資料，顯示印度百姓在碰到緊急醫療需求時，只有6%可以得到救護車的服務。他們知道尚未被滿足的需求很大。

這5位創辦人也都在美國深造，也大多在美國與英國有工作經驗，比較了解優質服務的內涵，也比較懂得如何調動國際資源來幫助他們創業。

無論再怎麼優秀，其實萬事起頭難。共同創辦人庫斯納說

起當時的情況，還啼笑皆非。他從紐約回到孟買，跟不少人討論這項創業，得到的答案無非是：你們瘋了，或這是不可能的。

庫斯納拍了拍腦袋說：「好極了！這就對了！既然是一群瘋子，去追逐一個不可能，又能錯到哪兒去？」

於是，他們找到了一點慈善捐款及創投資金，買了2輛簡易救護車，開始營運。起初，他們讓病患家屬「自願付款」，無論付與不付，或金額多寡。但是很快就投降了。雖然理想性很高，還是打不過不願掏錢的習性。

很快地，他們就採用了「交叉補貼」的模式，再加上車廂內外的廣告收入補貼費用支出，第一年就收支平衡了。（相信這5位留美碩士高材生一定只領少少的薪水，甚至無薪奉獻。）

要擴充，需要新的投資。他們找來了影響力投資界以專注解決貧窮問題而聞名的艾克曼基金投資了他們150萬美元。此後，又吸引了一些商業投資，例如，位在田納西州的恩維遜醫療機構（Envision Healthcare），這是世界最大的救護車服務公司之一。

當時1298的CEO，也是創辦人馬薩很會讀書，在印度念過法律及商務（後來當律師），也在美國橋港大學拿到財務管理碩士及匹茲堡大學的MBA，以及哈佛大學的公共管理碩

士。後來拿到英國政府的志奮領獎學金（Chevening），去倫敦政經學院（LSE）擔任訪問講師。期間曾經在倫敦救護車服務公司（London Ambulance Service）做過短期的工作。

　　基於這一層關係，馬薩找來了倫敦救護車服務公司，而過去生活在紐約的庫斯納也運用他的人脈找來紐約長老會醫院，共同為1298提供免費公益的技術援助及管理培訓。這些對他們營運初期的發展都有莫大的幫助。後來，1298為了自身及社會的需要，發展了大規模的醫護急救人員的培訓，也大幅擴編了廣告業務，增加收益。

　　這些都與他們跟政府及公私立醫院的緊密合作有關。1298既承攬了政府及私人醫院的業務，也與他們共同研發創新了一些新的、分門別類的救護車運送及轉診服務。

　　他們長保初心，沒有忘記他們幫助貧民的公益本質，也因此仍然與許多國內外慈善機構保持合作，接收不同的捐贈，大部分是些食物、藥品及救護車。

　　「協作」，正是影響力投資常用的模式。社會或環境問題通常都很複雜，運用多元資源，促成多方協作，是非常有必要的成功要素。1298是個極棒的成功案例。

　　這裡面沒有高科技，沒有新發明，沒有大資本；有的是慈善的初衷，看到問題的本質，轉換成商業模式，堅持克服困難的決心，運用多元資源的能力。

生命之春──化繁為簡

另外一個印度轉換商業模式的例子是：「生命之春婦產科醫院」（LifeSpring Hospitals）。

生命之春的模式也很簡單：在貧民聚集、人口集中的地區，建立小型（25床）簡易的連鎖婦產科，針對健康的懷孕婦女，做大部分的產婦服務，並順帶做一些兒科護理。

他們鼓勵婦女，定期到合格的產科，進行產前檢查，以便在妊娠早期，發現問題、及早處理。生命之春不做複雜的病例，只對健康孕婦進行檢查、醫療、諮詢及接生（包括自然生產及剖腹生產）。

生命之春的服務，主要考慮生理、心理、方便、效率、費用等五個方面。經過簡化及標準化，大幅降低了醫療服務的成本，因此，他們的價格也只是市場價格的30%至50%。其他任何疑難雜症，一律轉診。

生命之春成立於2005年底，由印度的國營企業HLL Lifecare*及美國的影響力投資基金艾克曼以50／50的比例，共同出資與管理。

在當時，印度貧民婦女有些什麼選擇呢？

---

* HLL Lifecare隸屬印度健康及家庭福利部，過去曾經以生產避孕套出名，一年產量超過10億個，目前主要採用多元化方法解決印度的公共衛生挑戰。

1. 去公立醫院，服務有限，效率較差，被當作是來「享受
   免費服務」的「病人」。
2. 去設備完善的私立醫院，但當然太貴，負擔不起。
3. 去小診所，但是設備不足，收費標準不透明（容易被
   騙、引起紛爭）。
4. 在家生產。

所以，大約只有43%的印度婦女獲得了適當的孕期醫療服務，而且每年超過10萬婦女因懷孕相關問題而死亡。

因此，生命之春就是要為收入最低的60%家庭（即所謂的Bottom 60, B60），提供安全、尊嚴、平價的孕期醫療服務，也包括簡易的兒科服務及諮詢服務，例如家庭計畫生育等。

生命之春把病人當成「客戶」，而不是「病人」。當然，懷孕、生產，本來就不是病人，但是這對貧民婦女可是一個巨大驚喜的「初體驗」。第一年（2006年）就接生了2,000小嬰兒，門診了23,000多人，約為當地60%的市場占有率，可見需求強勁。

生命之春總部設在印度中部，安得拉邦的海德拉巴市，印度第四大城，人口700萬。目前在該市已有10個醫療服務據點，大都集中在城市邊緣的貧民區人口密集之處。每年做12萬個產前檢查，接生超過6,000個新生嬰兒（2018年數據）。

這又是個很成功的影響力企業，針對社會的需要，解決低收入戶婦女生育的醫療服務問題，創造出容易複製的商業模式，得以複製全國，擴大規模。

其實，印度這一類以標準化模式，提供基本但優質的醫療服務的企業不少。例如AddressHealth，他們的做法就是與小學合作，在學校裡開設醫療診所，提供可靠、方便、平價的健康檢查、醫療服務及健康教育。每個學童健康檢查及醫療服務的資料都上傳雲端，讓這些資料非常容易分享與調閱。

目前該公司已經在印度多個城市，與200多所學校合作，服務超過20萬名學童，也協助5萬多名有哮喘病的學童檢查及諮詢。這個市場發展前景非常廣大，該公司對此也雄心勃勃。

為了持續且快速地發展，AddressHealth也邀集了各方志同道合的影響力投資機構，來參與他們的投資。例如，早期有比爾・蓋茲投資的印度團結種子基金（Unitus Seed Fund）、美國的灰質資本（Gray Matters Capital）、加拿大的重大挑戰基金會（Grand Challenges Canada）、馬來西亞的「溫柔的心」（Tender Minds），以及印度本土專注心理健康的「生活・愛・歡笑基金會」（The Live Love Laugh Foundation）等。

除了得到多方助力外，我們也深切體會到，印度是一個很懂得運用國際資源的國家。

再舉兩個例子，美國的。

無人飛機做醫療

　　第一個叫做「飛索公司」（Zipline），總部在美國舊金山。他們設計、製造，並且運營小型無人機，在非洲的盧安達、坦尚尼亞等國家，一些基礎建設較差的地區，幫大型醫院及眾多衛星小醫院之間，運送血液、藥物、疫苗及醫療用品等。

　　這些都是救命的東西，尤其在戰火延綿、醫療設施落後的地區。血液的需求很大，保存困難，一有短缺，就是人命。根據世界衛生組織的研究，在非洲，孕婦常因分娩出血，而造成大量的死亡案例。

　　該公司成立於2016年，已經成功配送2萬多次，平均每7天的配送飛行距離，可以繞行地球一圈，也已經為1,300萬人提供緊急的醫療協助服務。

　　目前飛索公司有100多名員工，年營收約430萬美元。

　　下一個美國案例，就跟我們台灣有關了。

台灣才女的科技醫療

　　ClickMedix是一家運用智慧型手機的醫療服務平台，透過視訊，提供遠程的診斷、護理與醫療。

　　根據需要，其模式可以是：醫護人員利用智慧型手機，直

接視訊病人，提供服務。也可以是：醫護專家透過視訊，教導遠端鄉鎮小診所的醫護技士，然後由他們來給予當地的病人進行診斷或醫療。

運用這套創新的科技（主要是電腦程式），可以使醫療服務無遠弗屆，幫助偏遠地區的人們，透過當地小診所，運用視訊及當地技術人員的幫忙，享受高水準的專家醫療服務。

此外，這套系統也可以大幅提高醫療服務的效率。根據該公司的計算，可以使得醫護人員對患者的服務提高4至15倍。

當然，對於患者來說，也會節省醫療費用的開支。因此，除了患者本身，政府及保險公司也都樂見其成。透過視訊，偏遠鄉鎮小診所裡的醫護人員（或尚未出師的技術人員）也可以藉由專家的指導，來提升自己本身的醫護技術水準。

這顯然是個多贏的局面。在ClickMedix網站上寫著大大的標題：為全球10億人，不論種族、性別及收入，提供一鍵式的健康醫護服務。（這其實就是創辦人當年在麻省理工學院求學時的一個課題。）

2010年創辦至今，ClickMedix的業務觸角已經伸入18個國家，與2,000多位醫護人員合作，為35萬人提供服務。據估計，合計為他們節省了1,000多萬美元的醫療費用。雖然距離10億人還有很大的距離，但是也是個相當不錯的成績了。

故事的起源在哪裡呢？

　　創辦人是美女高材生石亭芝，大學在匹茲堡的卡內基梅隆大學，唸的是電腦。之後拿了3個碩士學位，分別是卡內基梅隆的軟體設計與管理碩士、麻省理工學院的MBA及系統工程碩士。她來自台灣。

　　亭芝憑藉著跨文化及跨領域的能力，直視問題及研發解決方案的本領，創新創業及資源整合，開辦了ClickMedix。如此連結世界醫療資源，造福偏鄉與弱勢，使她獲得不少世界級的大獎，例如豐田發明之母（Toyota Mothers of Invention）、卡地亞女性倡議（Cartier Women's Initiative）、麥肯錫的日內瓦健康論壇（Geneva Forum for Health, by McKinsey）等。真的是我們台灣之光。

　　視訊醫療既然可以為世界上任何地區的人服務，亭芝當然也很想為自己的家鄉做點貢獻。但是，台灣很小，城鄉距離近，擁有世界級的醫療水準，服務又好，價格便宜，加上全球第一的健保制度，ClickMedix在台灣幾乎沒有用武之地。

　　雖然如此，亭芝還是一本初衷，回到家鄉，與花蓮基督教門諾醫院合作，為太魯閣地區的偏鄉原民提供遠程醫療服務。

　　無論是商業模式的改變，或是技術的創新，都可以為我們提升醫療服務品質，解決醫療服務中的問題，無論是匱乏、效率、專業或價格。

　　特別希望在此祝福亭芝的ClickMedix及其他所有的醫療影

響力企業,鴻圖大展,早日帶給全球更可靠、便捷、平價的醫護服務。

幾點思考

1. 在台灣(地方小、交通方便、全民健保、醫療水準高、服務好)有什麼影響力投資可以發揮的方向?或具體的想法?在生化科技?資訊科技?AI醫療?醫療器具?設施設備?防疫預防?

2. 除了台灣,可否把醫療健康方面的影響力,擴大到世界其他地區?可否有國際合作(業務)的機會?例如AI醫療?

第10章

社會住宅並非只是政府的責任

就在2019年11月4日，全球所有主要媒體都以斗大的標題刊登了：蘋果公司承諾出資25億美元，助陣加州，對戰住房難題。

美國是個比較富裕的國家，政府用盡各種方法，幫助弱勢族群，降低住房壓力。例如，對金融機構及建設平價住宅的建商，給予租稅減免、低價貸款、配合撥款等，鼓勵他們推出平價住宅，或租或賣。同時，也直接針對弱勢族群，提供多種補貼措施，降低利息、補貼租金，甚至直接提供公屋。

即使如此，美國依然還有超過1,100萬家庭，他們每月租金，居然超過收入的50%。很可怕吧。這些人大約相當美國總人口的10%。還不包括被房貸壓得喘不過氣來，隨時擔心房子被銀行收回拍賣的「薄殼蝸牛」，及無家可歸的遊民「無殼蝸牛」。

　　加州，又是美國最富裕的州。以矽谷為核心的舊金山大灣區，從聖荷西到舊金山的北加州，更是皇冠上的那顆大寶石。然而，他們所面對的情況又更為特殊。矽谷成就了世界上眾多著名的科技公司，例如惠普HP、臉書、Google、蘋果等傳奇，創造了巨大的財富，吸引了無數「淘金客」勇闖美國現代「大西部」。這當然也帶來了巨大的住房需求。

　　在加州，蓋房子，大不易。設計圖、公聽會，都要經過好幾輪，自然也就限縮了房屋的建造速度。多年下來，住房需求增加的速度遠高於供給。不用念經濟學，都知道房屋價格及租金，自然迅速攀升。

　　對於科技新貴倒沒所謂，但是，對於普羅大眾呢？餐廳服務員、清潔隊員、外送小哥，怎麼辦？小學國中老師呢？再怎麼努力，工薪收入，也打不過高漲的房價。面對這種住房的壓力，僅僅在2020年的4月至6月，就有3萬居民，被迫「逃離」舊金山。

　　這當然也造成了很大的社會問題及壓力。遊民增多了，市容變差了，小罪變多了，安全感低了，毒品更氾濫，法律、醫療與遊民安置的費用及壓力都變大了。

相信市場力量的蘋果公司

在這裡發跡，視這塊寶地為家的蘋果公司，決心出手。

CEO庫克說，穩定的住宅意味著安定、尊嚴、機會及自豪。這裡是我們的家，我們責任深遠，蘋果公司要做解決方案的一部分。

經過審慎的研究評估，蘋果公司決定與州政府密切合作，承諾出資25億美元的一筆「小錢」，來協助解決矽谷周邊住房壓力問題。對於每年賺進500至600億，手上現金（及約當現金）超過1,000億美元的蘋果公司來說，25億美元的確不是大錢。

但，即使不是大錢，蘋果也沒打算一次性地捐掉，反而要根據他們的研究，有系統地分幾個方面，以企業思維和市場的方法來解決問題。因此這25億美元的分配如下：

- 10億美元投資基金，用來增建社會住宅：給州政府及若干市政府一個貸款額度。透過他們與房地產開發商合作，低利貸款幫助開發商，為中低收入戶迅速建造成本低廉的社會住宅。蘋果公司收的是利息，較低的利息。
- 10億美元貸款基金：也與州政府合作，低利貸款給首購族，幫助他們支付頭期款及貸款。主要對象為服務業、

學校僱員及退伍軍人。蘋果公司收的仍然是利息，較低的利息。

- 3億美元價值的蘋果公司土地，自地合建：建設社會住宅，可租可售。

- 1.5億美元，社會住宅建設基金：與地方金融體系，例如「矽谷社會住宅信託公司」（Housing Trust Silicon Valley）*合作，支持社會住宅興建。這1.5億美元包含了可寬限貸款†及慈善捐贈。

- 5,000萬美元捐贈給「目的地：家」（Destination：Home），來解決當地遊民問題。「目的地：家」是一家專門以整體系統的方式，提供法律、醫療、教育、社會、培訓、就業、輔導、建房等服務，以解決遊民問題的專業機構，並會對於經濟瀕臨崩潰的家庭，進行各項預防措施（本小意義大，特別重要）。這5,000萬美元對他們是很大的財源與鼓勵。

---

*「矽谷社會住宅信託公司」是一家政府認證的社區發展金融機構（CDFI），既與建商合作，也幫助弱勢購房，更有很多協助項目，專門服務遊民，安置遊民。

† 可寬限貸款指的是貸款的部分或全部，有條件地可以寬限還款日期、還款數量或還款利息。

　　蘋果公司真是聰明，25億美元，分輕重緩急，有系統地聯合各方資源及專業，共同解決問題。真正的捐款只有5,000萬美元，占25億的2%。其餘資金基本都可回收，加上少許利息，資金可以重複運用，這正是影響力投資的精髓。

　　帥哥州長紐森（Gavin Newsom）盛讚蘋果公司這項空前的慷慨義舉，更欣賞蘋果公司的創新策略及系統化的解決方案。他說，蘋果公司這麼做，其實也給矽谷其他公司做了很好的示範與啟發。希望這些公司可以追隨蘋果公司腳步，共襄盛舉。

　　蘋果的例子，讓我們看到：

- 系統方法，多層次地解決問題：
  社會問題很複雜，蘋果公司根據嚴謹的研究，同時針對供給面（建屋核准、金融貸款、提供土地、增建社會住宅）、需求面（低利貸款、針對特定對象、減輕購屋租屋負擔），來解決住房緊張壓力。更直指核心，無償捐贈，幫助現有遊民，並預防遊民的增加。

- 運用槓桿，調動各方專業資源：
  調動了政府、金融業、營建業，以及專業的社會福利服務機構，為了一個有意義的重大目標，各自發揮專長，又相互共同合作。同時大家又能在這過程中，各取所需，發展壯大。

- 追求雙底線，典型的影響力投資：
  既解決社會問題，同時又追求財務利潤。雖然其利潤低於市場利潤，但這正是蘋果公司的「選擇」。至少這部分資金／資源不是捐贈出去，永不回頭，而是可以生生不息，重複運用，照顧更廣大的需要。這種做法非常值得國內慈善機構參考。

事實上，社會住宅是個很好的影響力投資議題。無論對外出打拚的年輕人，或當地的弱勢族群，社會上的壓力與需求非常明顯。

除了少數國家特例，社會住宅不能只靠政府，反而非常適合慈善基金會、宗教團體、金融機構、營建業、房屋仲介及管理等組織與政府合作，自行或幫助興建、購置社會住宅、出租管理、活絡社區、幫助弱勢、提升居住正義、增加社會安定與幸福感。

社會住宅的擁有者，無論興建或購置，補貼部分租金，既可行善，也可增加滿租率，政府也有各項減免及獎勵措施。總體營收減少有限，但是，保值增值的空間永遠存在。

筆者曾經在義大利中部古城佩魯賈，住過一個由中世紀修道院改建的學生及上班族宿舍。除了漂亮庭園、參天古木，有很好的沈思散步空間外，還有個大大的共享廚房及多功能交誼

廳，各國學生各炊各調、或聚或散，文化美食在此交流互動。該宿舍管理良好，窗明几淨，活潑友善，租金特別便宜，是我心目中典型的社會住宅，「北漂青年」的理想住所。

其實，廣義地說，當年的眷村也是一種社會住宅，既安定了軍心，也活絡了地方經濟，對社會有一定的貢獻。但是，這當然算不上是影響力投資。

社會住宅不只是蓋一堆房子，也特別注重社區的經營，針對社區內部居民需要，提供支援服務，讓居民不僅在此居住，更可在此成長。

世界上只有一家蘋果公司，也只有很少數的企業可以承諾25億美元，來做與本業並無直接相關的社會住宅。我們一般小老百姓又能做什麼呢？對需要巨額資金的社會住宅，如何可以既有功於社會，又能賺取合理利潤呢？

先舉個美國老牌的社會住宅影響力企業，試著回答這個大哉問。

被大膽感動的企業社區夥伴

吉姆・羅斯（Jim Rouse）生於1914年馬里蘭州的中產家庭，雖然患了小兒麻痺，但是堅毅鍛鍊，高中時已成田徑明星。

　　命運之神，風雲難測，父母在一年內相繼去逝。無力償還房貸，銀行收回了吉姆的「家」。還好有姊姊們的照顧，半工半讀，吉姆先後在聯邦住宅管理局（Federal Housing Administration）做文職，及在停車場幫忙停車（去之前還不會開車），讀完大學，上了法學院研究所夜校。

　　長話短說，努力、機遇，加上自幼的堅毅性格，吉姆・羅斯成為美國史上最成功的地產開發商之一。

　　在美國東岸開發／管理過大量的購物商城，也曾專注大型社區整體開發，更曾經從無到有，規劃、設計、建造了一座城市（馬里蘭州哥倫比亞市）。其後，又重整了許多大都會裡的歷史建築及破敗地區，轉化成觀光休閒購物的市場（例如波士頓的法尼爾廳、紐約的南街海港等）。幾乎每次都是引領風潮之作。

　　1973年春，吉姆在教會裡，碰到3位女士。她們說，附近有兩棟超級破爛的建築（莫扎特及麗池），裡面的居民好可憐，生活得毫無尊嚴。她們問吉姆，我們何不買下這兩幢樓，改頭換面，整修整潔，把尊嚴還給住戶？

　　因為真的懂，吉姆有100個理由拒絕，告訴她們這太困難、太瘋狂……結束。

　　然而不久後，他又在教堂見到這3位女士。她們說：「我們搞定了。」

他問：「搞定了什麼？」

「我們已經付了訂金，買下那兩幢樓房。」她們說。

吉姆有點被她們的大膽嚇到，更令他驚訝的是，她們堅定的決心。幾位女士在教友間集資，把團體取名「歡慶」（Jubilee），支付了不可退款的訂金。她們鐵了心，就是要做。反思他這成功的一生，作為開發商，卻從未真正關注過最弱勢的族群，他們的生活、夢想與機會。

吉姆懂得怎麼做，但是這3位女士比他更有心。吉姆感動了，加入了她們，花了6萬個小時，重新整理了這兩棟樓，開始了當地社區的轉型，也誕生了日後這家著名的社會企業──「企業社區夥伴」（Enterprise Community Partners）。

企業社區夥伴致力結合各種公私資源、專業能力、資金，以及志同道合的人們，共同打造優質且負擔得起的社會住宅及社區，作為弱勢族群的「家」。他們相信「家」是一切的起點。

他們善於與人合作，得道多助。無論新建或改建，都懂得運用設計及營建科技，力求效率與節約。他們尊重環境，注重節能減碳，講究文化與創意，營造健康的社區。並且，針對不同的居民需要，提供不同的社區服務，包括創造就業。

美國社會住宅及扶貧政策非常複雜，各級政府（包括稅務、財政、住宅等）對於社會住宅的投資建造、補貼條件、福

利規定都有不同。企業社區夥伴有專門研究政策的部門,負責遊說政府,為弱勢族群爭取最大資源與利益。

企業社區夥伴也很注重培養人才,設立了獎學金,讓年輕學子實際參與社會住宅及社區的規劃、設計及服務,希望他們將來成為社會影響力方面的領軍人物。

在大多數人都打算退休,安享餘年的68歲,吉姆攜手他的太太佩蒂,啟航了他們人生最大的野心,建構事業,打造安全、健康、平價的居所,讓每個美國人都有一個「家」。

在為這家公司起名字時,吉姆回顧了他這一生,20世紀的動盪起伏,以及自己事業的打拚奮鬥,讓他想起了一種「精神」,這種精神幫助了美國的成長,度過了兩次世界大戰及大蕭條,也是讓他獲致成功的力量。那就是「企業精神」,因此,他為這家影響力企業取名為「企業」(Enterprise)。

40年來,企業社區夥伴以企業的精神與方式,已成功在美國50州投資了610億美元,建造了將近80萬戶住宅,幫助了數百萬的弱勢貧民。這當然是個巨大的影響力企業,美國的ImapctAssets 50[*]連續四年把企業社區夥伴列入影響力投資的榮譽榜單。

---

[*] ImapctAssets 50(IA 50)是第一個公開的影響力投資資料庫,目的在連結影響力投資人、企業及資產管理公司。

　　事實上，企業社區夥伴是榜單上6家10億美元資產俱樂部的一員，這麼大的公司，跟我們小老百姓有什麼關係？

　　企業社區夥伴的投資資金來源基本有三：1. 捐贈，2. 大企業的委託管理，3. 個人投資。

　　個人投資金額有大有小，期間有長有短。例如他們發行了一個債券：Enterprise Community Impact Note，最小的單位為5,000美元。最短期限為1年，利息1%；最長10年期，年息3.5%（這些數字會因經濟形勢而有變化）。

　　這回答了我們前面的問題：在社會住宅的影響力投資議題裡，我們小老百姓能做什麼？

　　事實上，歐美有不少這類專注社會住宅的基金。即使不是大慈善家，又不是如蘋果公司的大企業，我們也完全可以投身社會住宅的影響力投資事業。

　　社會住宅是影響力投資很重要的一個主題，可以是公私合作的最佳範例，在應用上可以聚焦SDGs，來評估其社會及環境影響力，並運用「混搭金融」（Blended Finance）的方式，結合各種資源，不論私人或政府、股權或債權、慈善資金或市場利潤，都可以平衡其各自利潤與影響力的追求。

幾點思考

1. 蘋果公司的例子，可以給我們什麼啟發？可否在台灣複製？誰來做？大企業？慈善基金？宗教團體？或者共同基金？

2. 企業社區夥伴的例子，又給了我們什麼啟示？如何集結力量與資源，來開創人生大戲？

3. 台灣有哪些民間的「社會住宅」？無論是新建或改建、集中或分散、出售或出租？

4. 對這些私營的社會住宅，政府的角色為何？稅收減免？投資獎勵？財務補貼？提供用地？協助規劃？幫忙籌資？或其他？

5. 在台灣，民間做社會住宅，有無困難？有無法令障礙？有無信託管理？有無籌資管道？

第 11 章
宗教——積極擴大行善的方式

　　宗教，除了信仰，最容易讓人聯想到的就是「善」與「愛」。這是信仰的大善，也是對世人的大愛。

　　宗教，是慈善捐款最集中的去處。多少善男信女，因為種種原因，把他們的奉獻，捐給他們最信賴的信仰中心（宗教）。

　　宗教，也是慈善捐款最集中的來源。透過宗教團體的安排，再把這些善款，送到需要的人們手中。

　　這個模式，已有千百年。最近，也悄然發生變化……

　　首位來自拉丁美洲（阿根廷）的天主教教宗方濟各熱情洋溢，有著悲天憫人的胸懷，相當關注貧困的苦難，及其所造成的社會問題。他很明白善款來之不易，必須善加運用。他也知道上述模式非常重要，但更知道光靠慈善的力量，無法解決目前全球所面臨的嚴峻問題。因此，他呼籲世人，要尋找新的方

法，運用資金，來服務需要的人們。

　　他說，影響力投資前景廣闊，可以作為服務窮人的工具。

梵蒂岡影響力投資大會

　　自從2014年起，教宗方濟各已經在梵蒂岡舉行了3屆梵蒂岡影響力投資大會（Vatican Impact Investing Conference）。

　　2014年首屆梵蒂岡影響力投資大會的主題是：為窮人投資──如何在符合教會訓導下，讓影響力投資服務公共利益。首屆大會的目的在建立影響力投資核心概念的共識，並研討應如何在教會使命之下，運用及推動影響力投資來服務貧民。

　　教宗方濟各在大會開場的演講中說，影響力投資是一種新興的「責任投資」。而影響力投資者針對社會的不公不義，以市場及企業的方式，創造就業、獲取能源、增加農產等，來造福社會。現代社會非常需要重新發現這個美麗的事實。更重要的是，道德在財務金融的領域中，再度發揮其應有的作用，來服務人民的需要及人類共同的利益。

　　這次會議非常重要，打破了教友及教會組織的傳統迷思，「獲利」與「行善」不再是兩條永不交叉的平行線。

　　也可以說，教廷指出了一個明確的方向：希望未來教會組織（及教友），得以運用他們寶貴的資源，投資解決社會及環

境議題，並可獲取合理利潤。這兩者之間，不必有任何的矛盾或衝突。

這樣做，會讓教會的資源運用更有效率，同樣的資源可以重複使用，甚至因獲利而擴大，當然得以服務更多的人、幫更大的忙。也讓世界所面臨的嚴峻問題，得以更快速有效地解決。

會後，聖母方濟修女會（Franciscan Sisters of Mary）成立了「天主教影響力投資聯盟」（Catholic Impact Investing Collaborative，下稱CIIC）。其目的在於，透過經常的分享與學習，在天主教的機構與組織中，擴大影響力投資。

CIIC在美國的中西部成立，很快地就已經擴張全球。目前有不少天主教機構會員，所管理的資產合計超過500億美元。CIIC的讀音同seek，有尋找、尋求之意，頗有巧思。

其後，教宗方濟各宣布2016年為慈悲禧年。因此，2016年第二屆的主題是：讓2016慈悲年，成為扶貧年。會中探討如何掌握影響力投資，來點燃私人資本，為弱勢服務。教宗特別在大會結束前、週日《三鐘經》講道時，提到了影響力投資的價值，要結合私人資本及政府財政，共同解決弱勢族群的貧困問題。

2018年第三屆的主題則是：擴大投資，來促進人類的整體發展。其實也正是一步一步地在實踐教宗方濟各「讓經濟為人

民服務」的願景。會議之後，教宗方濟各樂觀地表示，我們知道，保護我們共同家園的嚴峻挑戰，是有可能有所進展的。

然而，要調動私人資本的積極性，去「讓經濟為人民服務」，一定需要「利潤」。這正是影響力投資所強調的雙底線：投資利潤及對社會環境的正面影響力。

天主教的影響力投資當然不是始於2014年，只不過這幾次會議建立了共識，確立了方向，打破了阻礙，加速了進展。

會議主辦方是教廷及CRS（2014年還有美國聖母大學）。

誰是CRS？

天主教救濟會

CRS是天主教救濟會（Catholic Relief Services）的縮寫，在二戰期間，1943年由美國主教團在美國成立。目的在於幫助在歐戰中的倖存者。

CRS是一個非營利慈善機構，秉持著天主教精神，服務對象只看需要，不看種族與宗教。他們善於與當地夥伴合作，並且相當有效率。2018年度預算約10億美元，94%完全用於慈善救助項目。全球有6,700名職員，在114個國家，與2,000個機構夥伴合作，大約幫助1.3億人。

受了教廷鼓舞，CRS也開始把部分資金用於影響力投資。例

如，2014年，CRS與美洲開發銀行（Inter-American Development Bank, IDB）的多邊投資基金（Multilateral Investment Fund）合作，在薩爾瓦多成立了Azure公司，專門為該國及周邊國家提供資本及技術，改善及擴張當地的清潔供水系統。

CRS及多邊投資基金總共投入了300萬美元的股權及債權，外加少量的無償捐贈。整個項目已經覆蓋了180萬人，他們以前月付10美元水費，但是經常沒水或只有不乾淨的水，現在已經完全改觀。

項目投入不大，效果迅速而明確，商業模式也很簡單，收回成本及合理利潤也指日可待。如此效率的關鍵在於善用專業及善於合作，當然初心為善，應該正是合作順利的主因。

這整個項目是由「完全影響力資本」（Total Impact Capital）操盤。該公司與不同的慈善機構、政府及企業合作，專注影響力投資，總部在美國華府，並且在紐約、舊金山、日內瓦及肯亞首都奈諾比都有辦公室。

仁慈修女會

經過多年發展，這樣的例子在各地天主教裡不勝枚舉，例如，由凱薩琳・麥奧雷（Catherine McAuley）於1831年在愛爾蘭創辦的仁慈修女會（Sisters of Mercy），應美國賓州匹茲堡

主教的邀請，於1843年從愛爾蘭到達美國，開始建立醫院、
學校、社區服務，逐漸擴張至全美國。「事業」及「影響力」
都相當大，也有自己的投資管理公司。

　　近年來，仁慈修女會也特別成立了兩個影響力投資基金，
在全球進行投資。一個比較專注在社會問題，以低利貸款的方
式，幫助社會住宅、教育、健康醫療、食品安全、社區發展
等。另一個則較專注在解決環境問題，如清潔供水、綠建築、
永續農業及森林等，而且以賺取市場利潤為投資財務目標。

　　全球影響力投資聯盟（GIIN）執行長阿密特‧布里（Amit
Bouri）說：「他清楚地看到，宗教團體對影響力投資的興趣，
正在逐漸增加。」他說，這要歸功於教宗的領導力，他鼓舞了
整個天主教，不僅僅消極拒絕投資不道德的公司，更開始積極
投資來改善世界。

專業服務天主教團體的影響力投資管理

　　由「無玷聖母獻主會」（Missionary Oblates of Mary Immaculate,
OMI）成立的OIP投資信託（The OIP Investment Trust），專門
提供與天主教信仰價值一致的投資管理服務，目前已有200多
個天主教團體的客戶，遍布50多個國家。

　　OIP執行長芬恩神父（Father Seamus Finn）說，有些宗教

相關的慈善團體，對於做善事，但又同時賺取利潤的做法，內心有些衝突，但是，這種看法正在轉變。

門諾經濟發展協會

影響力投資當然不只在天主教逐步升溫。其他例如基督教門諾會的「門諾經濟發展協會」（Mennonite Economic Development Associates，下稱MEDA），是一個國際經濟發展組織，為消弭貧窮，而提供投資資金及商業諮詢。

MEDA也源起於二戰之後，大批的門諾教徒從俄羅斯逃到南美洲的巴拉圭。他們有能力有手藝，渴望開創自己的事業，但是缺乏資金及關鍵資源。MEDA的成立就是為他們提供資金及商業培訓。過去65年裡，MEDA在60多個國家，幫助了1億多個家庭，創辦他們的事業，並協助他們成長。

作為長期的影響力投資者，MEDA的商業模式很簡單：貸款、收取利息；另外還做培訓／諮詢，收取顧問費。MEDA並且對每一個項目都做仔細的影響力評估。

在台灣，當我們說起門諾，大概都會想到花蓮門諾醫院。其實只要真正以救死扶傷為職志，又有合理的收費及獲利機制（商業模式），甚至，可以補貼貧困患者（如前文1298救護車的例子），醫院當然也可以是影響力投資企業。

台灣的私立醫院應該都是財團法人，依法捐助人並非「股東」，無法分享股利。即便如此，財團法人本身作為非營利機構，依然可以做影響力投資，因為這包含了公眾利益及經營獲利兩個重要組成支柱。

伊斯蘭世界的影響力投資

除了基督家族之外，穆斯林兄弟也不遑多讓，用力推動影響力投資。他們一種比較典型的做法就是發行「伊斯蘭債券」來籌款，推動對社會或環境議題有助益的行動。

根據中華民國金管會證券期貨局證券商管理組科長陳秋月所寫之〈淺談伊斯蘭金融〉一文指出，伊斯蘭金融中所有的金融活動、商品及服務，必須遵循伊斯蘭律法（Shariah Principles）的規定：1. 禁止收取利息；2. 禁止具風險或不確定之交易；3. 禁止從事賭博活動；4. 禁止銷售、租賃或投資非清真（Non-halal）之商品。

基於宗教信仰，上述第2至第4條都易於了解，也理當遵從。唯獨第1條不收利息，在傳統金融活動中，尤其是借款，似乎難以執行。

在伊斯蘭的世界裡，貨幣是交易的工具，不可用於借貸獲利，所有金融往來都必須與資產或實際生產活動掛鉤。因此，

借來的資金，就必須轉化成不同的形式，來償付出資方（出資或借款）的利益。例如：借錢→買資產→付租金；或借錢→預付貨款→再加價出售等14種不同的形式。

所以，伊斯蘭債券雖然名為債券，但是並無支付利息的約定，也無到期還款的義務。

2018年，由印尼政府發行了世界上第一個主權綠色伊斯蘭債券（Indonesia's green sukuk 2018 Issuance），總值12.5億美元。實質的債券條件為：5年期，年息3.75%。此債券所得到的資金，完全用於再生能源、氣候變遷、永續交通、能源效率、垃圾管理、永續農業等6大方面。每一方面都是社會或環境的嚴肅問題，也都是聯合國永續發展目標（SDGs）內容。

雖然債券金額不大，但是印尼政府做的是全球發行，印尼本身認購10%，其他伊斯蘭兄弟國認購32%、歐美33%等。認購單位也比較多元，包括資產及基金管理32%、銀行25%、退休基金及保險公司18%，以及各國的主權基金15%等。

這是一個典型政府參與的例子。就政府來說，調動了私人資本來進行公共利益的建設，其影響不僅限於印尼，減少的溫室氣體排放將惠及全球。

就這次占比80%的私人資本來說，這是一個很安全，但是，利潤又相對不錯的影響力投資。

佛教的做法

西方式的影響力投資，尤其是對企業的投資及貸款，在佛教的世界裡倒是比較少見，反而比較著重另外一種資產類別：實體資產。

佛教徒及佛教團體在社會上做的善事不知凡幾，無論開設醫院、建校助學、災難救助、濟貧解困、養老扶幼等等，都非常之多。我們台灣就是全球最好的例證與模範。

有些部分，例如災難救助、救濟孤苦老人等，可能完全沒有「市場」功能，意即沒有買賣與對價關係，也就需要慈善捐助。這部分全球佛教界都做了很多，台灣尤然。

另外有些部分，例如醫院及學校，其目的在解決某些社會問題。比如台東均一國際實驗教育學校，原本由佛光山建立，後來由嚴長壽先生接管，提供改變偏鄉的創新教學模式，以企業募款及交叉補貼模式，幫助偏鄉及貧困學生實現教育平權。其影響範圍除了無償幫助弱勢學生外，還擴及了他們的家庭，也幫助了一般生的人格養成。

此外，同在東海岸的花蓮慈濟醫院，由慈濟基金會募資設立，以救人為先，幫助弱勢族群的醫療平權，並且平衡了當地醫療資源比較不足的問題。

這些例子在佛教界，無論台灣或世界各地，都不勝枚舉。

他們的初衷明確，解決問題的執行力強大，影響力的深遠，往往更勝原先之設定，當然是十足十的影響力投資與影響力企業。

這類醫院學校在台灣多半是「財團法人」，其創辦人或捐助人不是「股東」，私人捐助的資金也不是「股份」，既不可以分紅，也不可以買賣。

在這一點上，等同所有國內外非營利機構，包括基金會、慈善機構或家族基金。對於真正捐資的私人（或企業），完全基於慈善愛心，也完全不是投資行為。資產（例如學校或醫院）是否賺錢，與他們口袋無關，當然，也不會因此而吸引更多資金資源。反倒是所投項目的社會意義（解決的問題及其影響力），可以左右資金的來源。

然而，對於接受捐款，並投資建學校或醫院的佛教團體而言，該筆資金可以收回，甚至增值，因此可以重複運用，其所產生的效益，就遠比一次性的慈善捐贈要來得更大。這正是影響力投資所期待的目標之一。

其實，學校及醫院之外，還有很多事情都可以用市場的思維及企業的方法來解決問題，特別像是社會住宅、小額貸款、創造就業等社會問題。甚至最困難的消除貧窮，也可以是影響力投資的範圍（本書有多起例證）。

事實證明，貧民需要的，往往是一個機會（Chance），而

非一個救助（Charity）。如此一來，影響力投資就有其空間。

　　環境問題就更不用說了，包括食品安全、永續農業、永續森林、循環經濟、垃圾管理、清潔能源、節能減碳等等，都非常適合宗教團體集資來做影響力投資。

　　宗教團體是社會的信仰中心，在社會裡的影響力非常巨大，得到信眾長期捐獻，既是最大的信賴，也是千鈞的責任。

　　如果能夠破除「行善」與「獲利」不該兼容的迷思，宗教團體可以把一部分要回饋社會的慈善捐款，轉化成影響力投資。既可解決原本想要解決的問題，又可獲得投資回報，讓善款資金得以更有效率地重複運用，擴大解決公共議題，造福更多人群。

幾點思考

1. 宗教團體的「布施」，是否一定要是免費布施？可否做「愛心價」布施？或「交叉補貼」布施？以一個便當，正常售價80元，成本50元來舉例：

   - 免費布施：1萬元，可以做200個便當，一次性的免費布施200個午餐，給弱勢族群。這是慈善捐款。

   - 愛心價布施：愛心價50元，可以每天幫助200個弱勢族群的午餐。總收入為1萬元，可以循環使用，1萬元可以天

天提供200個愛心價50元的便當,幫助弱勢。這是回收成本的影響力投資。

- 交叉補貼布施:正常售價80元,愛心價40元。假設限定40%(80個)正常售價、60%(120個)愛心價,故總收入為11,200元。則布施人(出資者)或者有盈餘,或者可以累積資源,幫助更多的人。這是追求市場利潤的影響力投資。

上述「愛心價布施」及「交叉補貼布施」,可否被接受?困難障礙在哪?如何克服?

2. 台灣宗教團體有無「投資」或「貸款」影響力企業(或社會企業)?如果沒有,或很少,其困難或障礙為何?

3. 台灣宗教團體對弱勢族群(包括街友)有很多扶持與照顧。有無「投資」社會住宅的成例?包括針對學生及青年的租屋需求。

第12章
金融──推動善行的力量

　　年輕的經濟學教授帶領學生，在孟加拉的鄉村做田野調查，碰到村婦蘇菲亞。她手藝很好，以編竹凳為生，但是生活極為艱苦，不是懶，是窮，不是做不好、賣不出，是高利貸。辛苦一天，扣掉買竹子的借款及利息，只剩2美分。這叫人怎麼活啊！

　　拿著美國政府傅爾布萊特獎學金（Fulbright Scholarship），從素有南方哈佛之稱的范德比大學（Vanderbilt University）拿到經濟學博士的教授，估計這個情況絕非偶然。

　　稍一研究，知道蘇菲亞家徒四壁，窮得買不起一天的竹材，當然沒有存款，更沒有擔保品，哪有銀行「敢」借錢給她。要買竹材，只能靠高利貸。但是，她也因此做了高利貸的奴隸，讓她永遠翻不了身，無論這輩子，或缺乏教育的下一代。

　　小教授從口袋裡掏出約27美元的當地貨幣，借給蘇菲亞村裡42位處境相同的婦女，幫助她們擺脫高利貸。開始逐漸累積，脫離貧窮，讓子女受教育。

普惠金融，嘉惠弱勢

　　這可能就是世界上第一筆非正式的小額貸款（Micro Finance），或稱之為「普惠金融」。

　　當然我們都知道，這位留美教授，就是後來大名鼎鼎的穆罕默德‧尤努斯（Muhammad Yunus）。此人創辦「格萊珉銀行」（Grameen Bank）*，以小額貸款幫助無數人。也因此感動無數人，起而仿效，等於開創了一個新的行業——普惠金融，惠及上億金字塔底層百姓。

　　格萊珉銀行貸款的對象，97%都是弱勢女性，沒有擔保品，但是還款率卻高達99％以上。這裡面當然有些制度的設計與實施的方法，但也或許就是一種「向善」的力量，在交互影響。

　　尤努斯與他自己所創辦的「格萊珉銀行」，於2006年共同獲得諾貝爾和平獎。尤努斯說，他希望貧窮只能在博物館裡找

---

* Grameen 在孟加拉語中是鄉村的意思，故也有人譯為「鄉村銀行」。

到（意指貧窮在人間消失）。他也說過：「我的人生終極目標是3個0。貧窮0，失業0，氣候變遷也是0。」為此目標，尤努斯博士在全球奔走。

這是何等的氣魄！雖然或許難以完全做到，但是，取法乎上，緊盯目標，認真去做，若能得之中，已然偉大。

尤努斯的故事就是要告訴我們：天下無難事，只怕有心人。也是要證明給我們看，金融，是推動善行的力量。

金融機構，常被認為是金融危機的罪魁禍首，創造很多問題。但是，也有更多有良知的金融業者，深信「金融，是推動善行的力量」，並且身體力行。尤其是影響力投資界的朋友。

影響力投資界普遍把尤努斯所開創的普惠金融視為「第一件」影響力投資案，也非常鼓勵以普惠金融的方式，來做影響力投資，直接達成幾類聯合國永續發展目標，例如：1.消除貧窮，2.消除飢餓，3.促進健康（貸款給醫療機構），4.提升教育，5.實現性別平等，6.創造就業等等。

當然，要用金融這個工具，作為推動善行的力量，方法當然不只普惠金融。下面再來舉幾個其他例子。

貸款條件專注於社會效益

荷蘭的特里多斯銀行（Triodos Bank）可能是世界上首家

具備「影響力投資」概念的銀行（或可稱之為社會銀行）。其理念非常明確：只貸款給有社會或環境正面影響力的企業。這已經成為該銀行的DNA，既有別於他人，又表裡如一地執行到底。

因此，要獲得該行的貸款，只要是屬於「作惡」的行業或公司，例如製造槍械彈藥，你不可能從該行獲得貸款，即使你想做綠色能源的項目也不可能。

換句話說，貸款之前，該行除了審核財務狀況及還款能力外，還要花大量精力來審核公司及項目的「社會價值」。也就是要深入了解客戶及項目，對社會或環境造成的影響為何。

貸款通過後，特里多斯還會派員檢查項目進展，確保貸款用途符合原先貸款目的。如果發覺問題，例如把節能設備的資金用於原料採購，則將會終止貸款，並列入黑名單。

誠信，所有銀行的命根子，客戶與銀行之間信任的基礎，也是特里多斯的立行之本。而透明化則是誠信的基本動作，特里多斯會定期把所有貸款的明細公布在網上，讓投資人（也就是存款人）清楚知道他們的資金（存款）用途。存款人除了知道他們的資金借給什麼公司外，也會清楚地知道這些企業對於社會或環境做了哪些貢獻。

為了清楚理解、計算及說明這些影響力，特里多斯做了深入研究，發展出一套影響力管理的工具：特里多斯影響力稜鏡

（Triodos Impact Prism），提供銀行了解、監控、解釋、指導及報告貸款客戶在永續發展中的價值（影響力）。

根據該行年報，他們在2018年為513個永續能源項目提供資金，為全球250萬戶家庭提供綠色電力，同時減少了290萬噸的二氧化碳排放；融資有機農業及食品，相當於3,200萬份晚餐；資助了550項教育計畫，惠及68萬人；為電影院、劇院和博物館等提供資金，讓2,260萬遊客享受了優質文化活動。

從審核貸款、管理貸款、發展影響力管理工具，到公布細節，通通「說清楚，講明白」。誠信，不是靠說漂亮話，而是開大門走大路，透明而不欺瞞。

其實，誠信，何嘗不是所有企業以及所有人的根本呢？

特里多斯有明確的價值觀，言行一致，忠實執行，並且熱衷宣導社會價值。行員耳濡目染，熟嫻社會影響力的概念及做法，經常線上線下地傳播理念（其實理念也會吸引客戶）。

而事實上，他們自己本身的故事，以及他們貸款客戶的故事（影響力），都是很好的宣傳材料，鼓勵大眾，引導輿論，關注社會及環境的發展。

這麼有意思的一家銀行是怎麼蹦出來的？雖然荷蘭常常有不少非常有意思的公司。

特里多斯銀行的前身，是一個1968年的研究計畫，4位成員包括經濟學家、稅法教授、管理顧問及銀行家。研究計畫題目

是「永續財務管理」（How Money Can be Managed Sustainably）。

根據研究成果，先於1971年成立了特里多斯基金會（Triodos Foundation），然後在1980年，以54萬歐元，正式成立了銀行。目前員工1,500名，管理的資產達到155億歐元，每年利潤約4,000萬歐元。特里多斯銀行也在2018年，開放了一個募資平台（The Triodos Crowdfunding Platform），讓客戶可以直接投資或貸款。

該行在荷蘭、英國、法國、德國、西班牙等國都有分行。財務運作保守，年年獲利。雖然財務利潤率可能不是特別高（影響力評估、管理、報告的花費也不小），但是壞帳少，相當穩定，比較不受景氣及金融風暴的影響。

隨然不是主流大銀行，特里多斯卻不遺餘力地推動影響力投資，除了自己做研究，發展影響力投資的工具外，也結合志同道合的夥伴與資源，共同努力，提升影響。例如，他們聯合創立了「全球價值銀行聯盟」（Global Alliance for Banking on Value），基本使命就是「三重底線」（Triple Bottom-Line）：利潤、社會影響力及環境影響力。這不正是「影響力企業」的基本典範？

特里多斯銀行也與荷蘭烏特勒支大學（Utrecht University）[*]

---

[*] 該大學是荷蘭最強的大學，也是歐洲最古老、最大的大學之一。

合作建立了「永續金融實驗室基金會」（Sustainable Finance Lab Foundation），旨在支持金融的永續發展，不造成環境的負擔。

除了商業銀行業務，特里多斯透過其全資子公司「特里多斯資產管理」做基金管理與投資，關注包容性財務金融、能源及氣候變遷、永續農業及食品等方面。目前管理46億歐元資金，投資在上市、非上市及實體資產等。

除了他們的成就及對社會的正面影響外，最令我欣賞的，是他們把自己定義得非常清楚：

> 我們是影響力投資者。不僅僅排除「作惡」的公司，也超越了ESG（環境、社會、公司治理），我們專注在找尋對社會或環境問題的解決方案。

正因為這種長期專注的作風，特里多斯資產管理公司於2019年11月從「影響力投資學院」（Impact Investment Academy）手中，獲頒資產管理類的首獎。特里多斯銀行網站上開宗明義地說：金融可以改變世界。我想它的意思就是本章的題目：金融，是推動善行的力量。

談完了歐洲的金融創新，推動向善的力量，來看看我們更為熟悉的日本怎麼做。

公私合資基金，跨國幫助婦女

2016年由日本政府發起，成立「日本東協婦女賦權基金」（Japan ASEAN Women Empowerment Fund，下稱JAWEF），以金融為工具（小額貸款），幫助東南亞婦女發展事業、消弭貧窮、提升醫療及子女教育，並改善男女不平等（這些都是聯合國永續發展目標的重頭戲）。

JAWEF初期參與成員包括日本國際協力機構（Japan International Cooperation Agency, JICA）、日本國際協力銀行（Japan Bank for International Cooperation, JBIC），以及其他包括住友人壽保險公司（Sumitomo Life Insurance Company）在內的日本機構投資者出資。首次集資1.2億美元，私人資本超過50%，共同來做公眾議題。

JAWEF是第一支以小額貸款的方式，專注在協力東南亞婦女的基金。由瑞士「藍色果園影響力投資管理」（BlueOrchard Impact Investment Managers）＊負責營運。經過3年的時間，JAWEF已經在東南亞7個國家，投資了21個小額貸款的機構，影響力擴及23萬婦女。於2019年9月，JAWEF決議倍增他們資金規模到2.4億美元，目標幫助70萬名東南亞地

＊「藍色果園」至今已經在80個國家，投資60億美元，著重在包容金融及氣候變遷兩個方面的影響力投資。

區婦女。

這次的增資，也邀來了著名的笹川平和財團（Sasakawa Peace Foundation）參加。該基金會在2017年出資1億美元，成立「亞洲婦女影響力投資基金」（Asia Women Impact Fund, AWIF）。

日本首相安倍晉三也對這次增資表示讚賞：「JAWEF這次增資會對有需要的亞洲婦女作出重要貢獻。」

國營銀行，金融扶貧

我們最後再來看一下政府主導的銀行可以怎麼做。

印尼人民銀行（Bank Rakyat Indonesia, BRI）於1895年成立於雅加達，是印尼歷史最悠久，也是量體最大的銀行之一。目前由印尼政府持股70%，算是國營銀行。

印尼人民銀行比較特別的地方是，主要經營小額信貸業務。它透過全國4,000多個分行及服務站，服務3,000萬個零售銀行客戶。該行的小額貸款分成兩種不同的對象：企業及個人。小微企業最多可以申貸5億印尼盾（約新台幣120萬元）。

針對個人的貸款又可分成兩類，貸款上限都是2,500萬印尼盾（約新台幣6.5萬元）。一類是「小額社區企業貸款」（Micro Community Business Credit），算是一般個人貸款，用

以支持他們小型企業的營運週轉。另一類最為特別，叫做「印尼移工貸款」（Indonesia Worker Business Credit）專門貸款給即將出國打工的人的「安家費」（當然用途並未限制）。可見政府鼓勵國民出外打工，因此出國打工人數及貸款需求都不少。

印尼這幾年在影響力投資方面相當積極。從印尼人民銀行這家國營銀行來看，也可以看出政府以小額貸款，而非慈善救助，來幫助社會底層的弱勢族群。資金可以有效率地重複運用，可以幫助更多需要的人，有尊嚴地共同解決社會最嚴重的問題：脫貧！

這正是影響力投資的精髓所在。

這幾個不同類型的金融案例，都是明確地把金融當作推動向善的工具。他們絕非特例，事實上，全球金融體系已經更加認同聯合國永續發展目標，也相信金融有非常強大的力量，可以用來解決日益嚴重的社會及環境問題。

這麼做，非但不會減損其獲利，反而因此享有更寬廣的擴充領域。

讓我們拭目以待，看誰對世界變化敏感度高，誰內部調整能力強，誰真正把金融當作推動善行的工具，誰就將在金融新境界裡更上層樓，創造自己及社會的美好。

幾點思考

1. 請列舉不同的弱勢族群有哪些不同的金融服務需求？（是金融服務，不是慈善捐助。）

2. 請列舉台灣對弱勢族群的金融服務，並腦力激盪，還有哪些既有社會影響力，又有正面財務報酬的金融服務值得開發？

3. 金融界如何引導大眾資金進行影響力投資，改善社會時也賺取利潤？

第13章

循環經濟——廢棄物重生的故事

災難激發的大愛

2010年1月12日，我們在家歡慶寶哥18歲生日派對。電視轉播了遠在加勒比海地區，海地首都太子港附近，發生了慘絕人寰的大地震，30萬人喪命，30萬人受傷，100多萬人流離失所。

我們除了同情、祈禱與捐款外，似乎也做不了什麼，也沒做什麼。慚愧。

同一個時間，在美國賓州匹茲堡，28歲的伊恩‧羅森伯格（Ian Rosenberg）正在當地的基督教青年會（YMCA）與隊友歡慶他們本球季第一次，也是唯一的一次勝利。

CNN主播安德森‧古柏（Anderson Cooper）正在報導海地大地震，看到報導的伊恩，震驚與感嘆地說：「真是糟糕，真是慘啊！」

　　第二天起床，電視不停地報導震後災情，他不自覺地又感嘆了幾次，真是糟糕，真是慘啊！突然之間，他轉念一想，難道幾聲誰都聽不到的感歎，就是我伊恩唯一能做的嗎？我真的不能做些什麼嗎？

　　當時的他，正在從事新聞媒體的工作，當下決定前往海地，拍下他們的遭遇，寫下他們的故事。

　　伊恩費盡功夫，輾轉奔波，來到了剛剛歷經劫難、美麗家園轉瞬人間煉獄的海地。一個星期，照了幾千張照片，毫不意外地，包括非常多待援傷患及路邊屍體。這些都是他的人生初體驗，震撼當然巨大。

　　這是難熬的一週。臨去之前，伊恩前往太子港一所天主教堂祈禱、彌撒。看到詩班裡一個小男孩，憨憨笑容，唱著聖歌，臉上卻長著巨大的腫瘤，正在走向死亡。他的名字叫塔希。

　　長話短說，第二次去海地時，伊恩答應幫助塔希。其後，費心籌款，並找到願意免費開刀的醫生及醫院，接塔希來匹茲堡，吃住、開刀、復原，一切圓滿。

　　伊恩和夥伴們都太高興了，終於可以把塔希健健康康地送回海地。他們說：「『我們』成功了！」

　　突然之間，伊恩意識到兩件事情：第一，為什麼是「我們」成功了？難道，做這一切，是為了「我們」？第二，把塔

希送回海地，然後呢？是不是要繼續幫助他（們），直到他（們）不再需要你？

什麼情況下，他們可以不再需要你？答案就是：他們有可持續的工作，得以自給自足。為此，為了創造一些工作給海地人，伊恩成立了公司。

做什麼？

本來就非常貧窮的海地，尚在恢復之中，街頭巷尾，最不缺的就是：

1. 失業、待業的人。
2. 殘磚斷垣，滿地垃圾，特別是百年不化的塑料垃圾。

伊恩成立了兩家公司，在海地的名叫「塔希」（Tassy，取自小男生名字），在匹茲堡的叫「線材」（Thread）。

塔希公司動員海地人撿拾塑料垃圾，送到回收站，當場驗貨發錢，並進行分類、清潔與整理。線材公司則把垃圾製成塑膠粒，抽成纖維絲，做成紡織品原料。

之後再與知名品牌，合作設計限量產品。例如與美國飛鷹（American Eagle）合作特定品牌Aerie X Thread的男女上衣、牛仔褲、泳衣等；與銳步（Reebok）合作限量時尚跑鞋；與Timberland合作打造短筒靴、登山鞋及防水夾克等。

　　線材只是間小公司，但是感人的故事很多，寫也寫不完。海地的夥伴說，海地很窮，很多慈善機構來，他們給我們食物，給我們藥品，給我們錢。然後，他們走了，他們也忘了，他們並不關心我們的未來。

　　但是，你，伊恩，不一樣。你給我們工作，工作帶來金錢、食物與尊嚴。你不一樣，你關心我們，把我們當家人。

　　對伊恩來說，他這些年的親身體會是：**窮困的人缺乏的往往不是資源，而是機會；窮困的人缺乏的往往不是財富，而是尊嚴。**

　　伊恩打造的線材公司，原本奔著解決海地人自給自足的工作機會而去，結果除了帶給他們機會與尊嚴外，也意外地減少了當地的髒亂及塑膠垃圾的危害（一下雨，滿街的塑膠垃圾堵住排水口，導致嚴重淹水），也為循環經濟做了點貢獻。

　　循環經濟是個大題目，也是各國爭相發展的重大經濟議題。台灣的表現也相當可觀，從我們的垃圾分類開始，就已立下典範。要論述循環經濟，寫本書也不夠。這不是我們的重點，本章將會再舉幾個相關案例，以供參考。

創新再生，各顯神通

　　年輕帥氣的艾倫‧麥克阿瑟女爵士（Dame Ellen

MacArthur），曾經是位英國職業長距離帆船選手，2005年曾經打破紀錄，成為環球帆船大賽最快的選手（不分男女）。2010年退休後，她成立了影響力投資界著名的「艾倫‧麥克阿瑟基金會」（Ellen MacArthur Foundation），與政府、企業及學校合作，致力推動全球的循環經濟發展。

　　她單獨航行海上71天多，打破世界紀錄，是一件多麼偉大的事，體力、毅力、智慧、勇氣、技術、堅持，缺一不可。航行中，她有很多感想，其中兩件與本章有關。

1. 人想要的太多，需要的很少：
　　在小小的船艙裡度過70多天，只能帶這麼點東西，而這麼點東西也就夠了。
　　「減量」是一定需要的，對個人，對整個世界都一樣。
2. 海洋垃圾多得可怕：
　　麥克阿瑟女爵可是親眼目睹漂浮海上的垃圾山。據估計，2050年，海洋垃圾的重量會超過魚類。英國的大學研究，目前三分之一的漁獲含有塑膠；比利時的大學研究，平均每人每年吃進1.1萬個微塑膠。

　　海洋垃圾當然來自陸地，其來源最嚴重的「高危險區」是在離海岸60公里內，沒有完善垃圾分類回收系統的陸地。在

那裡丟棄的任何垃圾，最終都可能落入海洋。

專門回收海洋廢棄物（塑料）的「遠見塑料公司」（Envision Plastics），就很聰明地「攔截」這些垃圾。他們與很多國家合作，在高危險區設置攔截點回收站。海地也是合作國家之一，在那裡有9,000多名員工，專門從事垃圾的採集、分類、清洗、運送。比前面介紹的線材公司，更大規模地創造就業與拯救環境。

遠見塑料與不少科技公司合作，把難搞的海洋塑料垃圾，轉化成不同顏色、不同等級與不同成份的塑膠粒或纖維原料。新名稱就叫做「海洋塑膠」（Ocean Bound Plastics），賣給各種合作廠商，例如戴爾電腦，成為他們產品或包裝的原材料。

由於消費者的覺醒，製造廠商也爭先恐後地運用再生材料，以至於遠見塑料的海洋塑料大賣，甚至嚴重缺貨。再度說明，運用可複製、可擴大的商業模式，以及技術創新，解決了嚴重的環境問題，也能創造可觀的商業利潤。

另外一家收集垃圾製作再生原料的公司更猛，「特拉循環」（TerraCycle）可能是收集海洋垃圾的世界第一。

但是特拉循環最出名的卻是，回收各種別人認為無法回收的廢棄物，例如香菸頭、咖啡膠囊等。然後他們與各個研究機構及知名企業共同合作，例如寶僑、聯合利華（Unilever）

等，想方設法把各種奇怪的廢棄物，轉變成有用的再生原材料，變成他們漂亮且環保的產品或包裝。

　　而商業模式也有所不同，除了直接收集垃圾廢棄物外，更特別的是特拉循環與各種企業、學校、研究機構及政府合作，直接由合作夥伴供給原料（廢棄物）。品項類似，較好處理，數量穩定，源源不斷。

　　特拉循環由當時還是普林斯頓大學學生的湯姆‧薩志（Tom Szazy）在2001年創辦，他徹底相信可以用企業的方法來解決社會問題，第一次創業時才14歲。目前，特拉循環在全球26個國家營運，有幾千萬人做他們的志願者，幫忙收集各種廢棄物。部分盈餘捐助慈善機構，已達4,500萬美元。

　　最近，湯姆‧薩志又發奇想，他認為問題本質不在廢棄物，而在很多東西（特別是包裝）只用一次。因此他們正在推動一項新的計畫：「循環」（LOOP）。簡單說，比如海倫仙度絲的洗髮精瓶子或哈根達斯冰淇淋的盒子，可以用更好的材質、更美的設計，只要把「回收」系統做好，可以反覆使用幾百次。

　　這是2019年的新嘗試，特拉循環與多家全球知名消費品公司（例如百事、雀巢）共同合作，也包括負責「收送」的UPS快遞。他們做了很多新的設計與設想，希望他們能成功。

　　特拉循環所投資的一家兄弟公司——Looptworks，商業模式又有所不同。他們的著眼點不在垃圾（廢棄物），而在「多餘」的材料。每個工廠都有「下角料」，把下角料利用科技與設計，完全可以做出有價值商品，可以賣錢，又可以拯救環境。

　　2012年，美國西南航空（Southwest Airlines）要把旗下所有波音客機的皮座椅換成較輕的紡織品。總共8萬多張皮椅，扒下來的皮料，足足有16萬平方公尺之多，可以鋪滿800座網球場。如果沒有特別的處理辦法，這些皮料當然是廢物。

　　西南航空把換下來的皮料，交給Looptworks。由他們精心設計成皮袋子、皮包、足球等，有些袋子還巧妙俏皮地彰顯了飛機皮椅的形象概念。

　　你看到的節約是皮料，賣出去的皮包是鈔票。你沒看到的節約是：地球上珍貴的水。據估計，每做1公斤的皮革，需要17,000公升的水。你能想像這次的行動節省了多少水嗎？

　　除了這些大公司響應再生材料做包裝外，接著介紹許多新創公司也在這個領域中大展身手。

　　兩個美國小伙子，亞當・路尼（Adam Lowry）及艾力克・雷恩（Eric Ryan），一個嫌清潔用品（洗髮精、洗碗精等）太醜，一個嫌他太臭。居然因此，他們打造了綠色清潔王國「美則家用品」（Method Home）。

　　美則初期用塑膠再生材質（現在已經採用前文所提的海洋塑膠），請來設計師卡里姆‧拉希德（Karim Rashid），以文創設計的手法，做出圓滾滾的全黑瓶子，相當時尚。之後裝入完全無毒並且環境友善的清潔劑（洗髮精、洗手液等），上市銷售。

　　從這麼一個簡單的概念開始，現在已經上架非常多高檔連鎖超市，並且也已登陸日本及法國，在這兩個最難打入的國度販售。美則年營收數億美元，成為全球最大的綠色清潔公司。

　　歐洲的環保意識更是強烈。一位大公司裡的律師，也是2個小男孩的瑞典媽媽，無意間在報上看到一篇文章，說平均1個瑞典嬰兒，每年要消耗半噸（500公斤）尿布。更要命的是，這些傳統尿布，很大部分原材料都是來自塑膠（煉自石油），無法溶解，對環境造成很大負擔與傷害。

　　她想，一定有更好的方法。這個念頭，糾纏了她5年，費勁研發，製造出可生物分解、可再生利用的環保尿布。環保尿布企圖拯救地球，也改變了她的人生，從安穩的公司律師，變成了生態專家，知名尿布公司創業家。

　　她是瑪琳‧桑伯格（Marlene Sandberg），公司是Eco by Naty，在全球20多國，銷售尿布及相關產品，是生態友善環保尿布的領導品牌。

　　其實這一切的基礎，在於他們從內到外，都盡量做到對地球環保，對所有的參與者（包括寵物）負責友善，資訊與做法都相當透明。這也是任何影響力企業應該有的企業道德準則。

　　影響力投資在循環經濟裡的應用非常多，以上談到塑膠的再生利用，只不過要凸顯：企業無論大小，都可以為社會或環境的議題，以商業的運作方式，作出貢獻，也同時可以追求利潤。這就是影響力投資。

　　再來談幾家老牌、大型、上市公司，在循環經濟裡的貢獻。

牌子雖老，創新不斷

　　家具，到處都是。雖然可以用很久，但是一旦淘汰，都是大傢伙。除了偶有二手家具買賣，其他還能怎麼辦？

　　作為全球最大的辦公家具製造商，百年老店Steelcase，還能變得出什麼新把戲？

　　面對全球永續發展的浪潮、循環經濟的呼聲，Steelcase每多做一件家具，就要多消耗一些原材料、多消耗一些水、多排放二氧化碳，全都是對地球不友善的事。Steelcase更要面對每年850萬噸廢棄家具的問題與壓力。

　　「壞人」，當然不只是Steelcase。據估計全球家具（包括家

用家具）當淘汰之時，70%送往垃圾掩埋場。請問，這是多麼大的量？地球還承受得了多久？

　　有鑑於此，Steelcase早在十數年前就已經投身循環經濟，設計之初，就先思考：如果這件家具要淘汰了，它可以去哪裡？零件及材料，可以怎麼再利用？用這種思維，以及「搖籃到搖籃」*的設計理念，重新設計他們的家具，更加模組化。

　　以Steelcase著名的辦公椅「THINK」來說，要淘汰之時，只需用一般工具，在5分鐘內，完全拆解完畢。且99%的零件，可以回收，再生利用。

　　99%！夠環保了吧！每年家具耗用的材料及資源將大大減少。

　　但是，這還不夠，因為產品是客戶的，也在客戶公司。要如何回收？誰付誰錢？如何運送？回收維修後賣給誰？都是問題。

　　逐漸地，Steelcase又發展出了「產品即服務」的商業模式。客戶要的不是你的產品（椅子），而是你的產品所能提供的功能（坐著辦公）；客戶買的不再是「椅子」，而是可以「坐著辦公」的功能。一次次的買賣關係，變成了長期的服務

---

*　線性經濟，即「搖籃到墳墓」的設計是：生產→使用→廢棄。循環經濟，即「搖籃到搖籃」則是：生產→使用→回收→拆解→再生利用。

合約。

　　Steelcase擁有椅子的所有權，也因此，有了更強烈的動機，要做出更好更耐久的椅子，從20至30年使用年限，進步到50年。由於產品是自己的，Steelcase可以檢視、拆卸、維修這些椅子，也能轉移這些椅子，讓某些客戶享用、試用最新的科技與發明，又讓另外一批客戶，可以更平價地享受有維修、有保障的二手椅。

　　由於這些經驗，Steelcase受到艾倫‧麥克阿瑟基金會的邀請，參加他們舉辦的循環經濟100論壇（CE100）分享他們的經驗。

　　麥肯錫顧問公司也在會中肯定循環經濟的重要性。根據他們的研究，2030年前，循環經濟將為歐洲帶來1.8兆歐元的經濟效益，是目前線性經濟的2倍。

　　與會者也多是循環經濟的先驅。例如，荷蘭的飛利浦公司（Philips），無論是燈具事業部或醫療設備事業部，都已經採取了「搖籃到搖籃」設計理念，也都開始執行了「產品即服務」的新商業模式。

　　其他如英國的勞斯萊斯公司（Rolls Royce），也從賣產品（飛機引擎），轉變到賣服務（飛機引擎的飛行時數）。另外，德國BMW基於同樣理念，投資了Sixt租車公司（目前是BMW的全資子公司），6,000輛BMW在歐洲13城市裡，隨租

隨還，大大地減輕了城市的交通壓力，既提供了汽車這個產品的功能與服務，也是「共享經濟」的典範。（台灣的iRent就是用這個商業模式）

相信你已然發現，這些用心用力，推動循環經濟模式的公司，都是世界一流的優質公司。科技正在飛速進步，又有這麼多有心人，不斷地從各個方面努力，嘗試著解決我們所面臨的問題。

我相信，未來一定是光明的。

幾點思考

1. 舉例說明，台灣上市公司中，專業做循環經濟的公司（幫別人處理廢棄物）。
2. 舉例說明，台灣製造業中，把循環經濟做得好的公司（廢棄物再生比例高）。
3. 你所看到的廢棄物問題為何？有什麼解決的想法？
4. 台灣是電子產品製造的王國，我們對電子廢棄物的處理方式、能力及創新為何？

Part 2

夥伴篇——
協力打造共好的投資環境

第14章

為了影響力，是否要犧牲投資報酬？

「投資報酬」，是所有投資者永恆關心的話題，不論你是哪一個等級的投資者，或哪個類別的投資者，否則你就不是投資者，而是慈善家。

一直以來都有一個懷疑，如果投資要發揮社會意義，或造成環境影響，那是否會因此而降低財務上的投資報酬？

其實，影響力投資是個很好賣的東西，只要報酬率可以達到我的期待。當然，何樂不為？既能賺取財務利潤，又能改變世界，絕對是一石兩鳥的好事。

但是，究竟影響力投資的財務利潤如何？與其他的投資比起來孰高孰低？這個問題再好的投資理論也無法回答，再大的理想與熱情也沒辦法保證，只有靠實證研究來指點迷津。

「全球影響力投資聯盟」2020年度報告

根據全球影響力投資聯盟（GIIN）第10次的《2020年度影響力投資者調查報告》（*2020 Annual Impact Investor Survey*），有效受訪者297位，合計管理了4,040億美元的影響力投資資金，約占所有影響力投資資產的一半以上。

我們首先來了解他們的「利潤目標」。由於都是影響力投資公司，你猜他們的「財務投資利潤」目標為何？

- X%的投資者要追求「市場利潤」。
- Y%可以接受「略低於」市場利潤，但是較接近市場利潤的報酬。
- Z%希望「保本」，或略高於保本的報酬。

答案揭曉：

- X=67%，即三分之二的「影響力投資者」追求的是「市場利潤」。
- Y=18%，近二成的投資人，因為正面的社會／環境影響力，願意接受稍微低一點的投資報酬。
- Z=15%，還有15%的投資人要求比保本稍高的投資利

潤，因為對他們來說，保本就是賺到（影響力）。

這個比例令人振奮。因為，唯有大家都以追求市場利潤的標準來進行影響力投資，才真正有可能撬開資本市場的大門，讓最大的資金，來解決世界上最大的問題。

上面說的是目標，而實際的結果（投資報酬）又是如何呢？

根據同一份調查報告，投資報酬的滿意度（達成率）是與他們原先追求的目標（期望）來做對比。結果如下：

- 12% 受訪者表示，實際的投資報酬，不如預期。
- 68% 表示，符合預期。
- 20% 表示，高於預期。

也就是有88%的受訪者認為，他們的影響力投資報酬，達到或甚至超過預期目標。這個結果，其實遠高於我原來的想像，因為我也以為，要造就好的影響（無論社會或環境），就或多或少會降低投資報酬率。看來未必。

順便也來看看他們「影響力目標」的達成率：

- 1% 受訪者表示，實際的影響力，不如預期。

- 78%表示，符合預期。
- 21%表示，高於預期。

高達99%的受訪者達成或超標達成他們的「影響力目標」。

由此看來，完全可能同時達成「投資利潤目標」及「影響力目標」，彼此之間，並無犧牲一方，成就他方的問題。

貝恩策略顧問公司的報告

貝恩策略顧問公司（Bain & Company）是一家知名的國際管理顧問公司。根據他們2019年的一份報告[*]，研究了亞太地區450個由私募股權基金主導的投資個案，發現影響力投資投資報酬的中位數是3.4倍，而其他投資是2.5倍。

雖然如此，他們也不認為這已經完全足夠證明，影響力投資的報酬率的確高於傳統財務投資，因為資料還不夠多、時間不夠長。

而且這些個案中，影響力投資的金額比較小，產業成長比較快，投資期限比較長。這些也都是影響投資報酬倍數較高的

---

[*] 報告引用自〈Private Equity Investors Embrace Impact Investing〉, https://www.bain.com/insights/private-equity-investors-embrace-impact-investing

原因。

　　但是，至少也說明一件事：「影響力投資」的投資報酬率
並不會低於其他傳統的財務投資。

法國高等商學院的碩士論文

　　這篇2018年由法國高等商學院（HES Paris）的安里可·
莫奇（Enrico Mocci）所寫的碩士論文*，卻有不同的結論。該
論文採集了約5,000家基金（影響力投資基金105家，傳統財
務型基金4,878家）過去30年的投資報酬率，作為研究的分析
標的。

　　根據他的研究，105家影響力投資基金的內部報酬率平均
值為6.9%，中位數為7.3%。而其他基金的平均內部報酬率為
14.2%，中位數為11%。

　　該論文結論有二：

1. 影響力投資的投資報酬率比傳統財務投資低。
2. 影響力投資的類別中，金融類的投資報酬率最高。

---

* Enrico Mocci（2018）. Impact Investing: Financial Performance of Impact Investments.

該論文試著解釋影響力投資績效較低的原因，包括：

1. 投資標的較小，但是所有的步驟都不能少，因此管理成本「比例」較高。
2. 可選擇的投資標的較少。因為供給不均衡，挖掘好投資的成本較高。
3. 為了確實達到社會影響力的使命，需要花更多精力金錢做盡職調查、影響力管理、評量及報告等等。

論文的最後也表明，由於此研究的種種條件限制，以這個研究的結果來看，並不能明確推論，影響力投資的結果一定比不上傳統財務投資。

其實在我看來，姑且不論這份碩士論文的研究推論及結論是否正確，影響力投資在短短10多年內，有這麼高的成長（市場規模）及平均7%的年化投資報酬，已經相當有成就。而上面所說種種造成影響力投資績效較低的原因，通通都會隨著市場的擴大而逐漸消失。

並且也不要忘記，有一些影響力投資基金，本來就是在追求較低的投資報酬率（去完成一些特定的社會使命）。如果本篇論文對此類基金的投資績效分開處理，或許就會得到稍微不同的結論。

華頓商學院的研究報告

2019年，華頓商學院社會影響力中心的4位資深研究員，在2位華頓商學院財務管理的知名學者指導下，做了個比較前沿的研究*，要了解影響力投資的基金管理人，在賣出投資（持股）時，是否會為了獲利（的目標）而犧牲了影響力的維續。（也就是說，是否會為了把價格賣高一點，而不管接手的人是否在乎原來的社會使命。）

為了研究這個問題，就一定要研究影響力投資產業裡的投資報酬率。這也應該是華頓最拿手的絕活。

影響力投資的「投資利潤目標」大致分成三類：

1. 市場利潤。
2. 略低於市場利潤，但接近市場利潤。
3. 保本及小額利潤，略高於保本。

這個研究在華頓商學院的資料庫中進行調研，53家專門投資未上市公司的基金管理公司，代表著500多個投資項目，其中有170個項目就是上面所說的第1類：追求市場利潤目標的

---

* 請見報告 Great Expectations：Mission Preservation and Financial Performance in Impact Investing（WSII）

影響力投資。

　　研究前半部重點在比較這170家（被投資）公司的財務績效（投資利潤），與同一個時期的上市公司的異同（有多項指數，這裡簡化採用標準普爾500指數來做說明）。

　　作為一個研究當然有其複雜性，幾十頁的報告，我們長話短說：

- 170家裡面，有51家已經「出場」，其中包括19家已經「註銷」（經營不善倒閉了），32家賣給他人或已經股票上市。
- 32家中，有16家在退場後，依然嚴格地維持其社會使命的運作（稱之為Mission-aligned Exits）。
- 119家尚未出場的投資，用3種不同的方法來估值，因此產生3個價值。
- 本研究用「公開市場約當數」（Public Market Equivalent, PME）來做對比。PME大於1，則表示其投資績效優於該時期的公開資本市場投資獲利，反之亦然。
- 這170家的毛收益率為12.94%。其PME等於0.91、1.00、1.12（因為上述估值方法不同，產生3個不同數值）
- 簡單地說，這170家公司的投資報酬，基本等於同期上市公司（標準普爾500指數）的投資報酬。

- 如果只看這51家已經出場的投資（包括已註銷的19家），則其PME=1.55，即高於同期上市公司的投資報酬。
- 如果只看這51家公司中的32家（忽略註銷的19家），則PME=2.56。當然更高，不足為奇。
- 有意思的是，這16家退場後，依然嚴格地維持其社會使命的運作的公司，他們的PME=3.26。

華頓的研究明確說明：

1. 影響力投資的投資報酬，完全不輸給上市公司股權投資的報酬。
2. 也就是說，沒有替代的問題。沒有投資影響力高，就要犧牲投資報酬的問題。
3. （似乎）愈把社會使命當回事的公司，其投資報酬率愈高（不過這不是此研究的主軸）。

　　這個研究提出了一個新的問題：如何在退場後，依然保持原先所設定的影響力？有什麼機制？有什麼方法（無論投資前或投資後）？有無轉讓合約可以制約？有無激勵制度可以鼓動投資經理的積極性？

就我所知，已有華頓的教授在做後續研究。

影響力投資報酬的未來性

影響力投資的報酬率會比較高，其實很符合商業邏輯。其他條件相同的情況下，影響力創業家大都有明確的使命、強烈的熱情、專注解決比他自己更大的問題（不自我）。這樣的人通常不輕言放棄，當然也就有更高的成功機率。

但是，影響力投資的歷史還不夠長，而且一直在發展演變，要做長期穩定的投資報酬研究，其實還有些困難與限制。但是坊間做這方面研究的不乏其人，包括大學、協會、基金公司、顧問公司，或其他影響力投資的中間服務提供商。有興趣的讀者不妨自行 Google。

其實聰明的讀者一定跟我一樣，不需要再看這些研究報告就很清楚，影響力投資的報酬率一定會比較高，而且會愈來愈好。為何我這麼樂觀？

影響力投資在過去十來年的發展，頗有燎原之勢，其主因為兩把火，一把是「內火」──投資人的覺醒，一把是「外火」──投資報酬率。

- 內火：

過去20至30年，我們已經聽夠了關於世界上日益嚴重
的問題，從氣候變遷、全球暖化，到貧富懸殊、教育不
公、醫療缺乏。我們也知道政府及慈善資金無法完全解
決這些問題。但是，影響力投資是一個新的可能。如果
能夠數著鈔票，改變世界，相信很少人會說NO。

據全球影響力投資聯盟（GIIN）的研究，有71%的人
願意做影響力投資，目前只有12%的人有此經驗。意思
是，還有很多很多錢會滾進來。有前瞻思維的基金管理
公司「撿到槍」，創新創造影響力投資基金去迎合（服
務）投資人的覺醒，享受先發優勢，率先獲得新的利潤
增長點。

- 外火：

  影響力投資利潤夠高（跟自己的價值觀及投資報酬期望
  比），因此做善事而少有犧牲。目前由專業經理人所管
  理的影響力投資資產（Asset Under Management, AUM）
  幾乎年年翻倍，全球已達7,000多億美元。當然不純然
  是慈善的力量，更重要的是利潤的力量。

為什麼我說：未來會愈來愈好呢？

因為影響力投資的良性循環已經形成。資金之於企業，就
如同雨水之於稻田。哪裡有水，哪裡的稻米就長得好。

　　愈多的資金追捧影響力投資，影響力企業的資金就愈充沛，資金成本就愈低。競爭力會提高，獲利也跟著來。因此股價會上漲，投資人會獲利。這又吸引了更多的投資人，當然也吸引了更多的企業來做「好事」，以解決社會問題或環境問題為己任。這就是良性循環。

　　每次想到這裡，就想到一位謙謙君子，柯林頓執政8年時期的美國副總統高爾（Al Gore）。2000年美國總統大選，很詭譎地敗給小布希後，揮一揮衣袖，製作了一部影片《不願面對的真相》（*An Inconvenient Truth*）。自此，他以環境鬥士的形象，揭開了全球環境惡化的真相。

　　其後，高爾和前高盛共同執行長大衛‧布羅德（David Blood），組織了專門投資ESG及影響力投資的「世代投資管理公司」（Generation Investment Management）。該公司剛剛募集完成10億美元，使得他們所管理的資金達到220億美元。高爾創造，並帶領了這個良性循環。

　　你認為這樣的成長是靠世人（及大投資人）慈善的心？內在的覺醒？或是，影響力投資豐厚的投資利潤？

　　都有。符合投資人價值觀的正確方向，以及優秀的投資報酬率！

　　我想每次高爾去見投資人的時候，一定左手拿著一張漂亮的財務報表，說明他為投資人掙了多少錢，右手拿者一張漂亮

的影響力報表，述說著他用投資人的錢創造了多少環境的正面
影響。

幾點思考

1. 以上研究主要探討未上市公司的財務報酬，影響力投資上市
   公司的時間及金額還比較不夠，其投資報酬的研究也較少。
   有興趣的讀者可以參考本書第八章對上市公司的討論，以及
   參考影響力投資指數及其 ETF 的績效。
2. 就影響力投資的財務報酬來說，請列舉你想要知道的問題，
   這些都會是將來研究的方向。

第15章

金融機構—— 影響力投資的全方位推動者

　　影響力投資已嶄露頭角，全球金融機構的參與也漸成趨勢。若以「純度」來分，大致兩類：一類是純粹的影響力投資機構（也做相關的推動，包括影響力投資的基礎建設），通常較新，規模相對較小。

　　另一類是老牌金融機構，無論大小，或多或少，也都逐漸調撥資源，漸次投身影響力投資，以配合客戶需要，也創造新的業務。

　　由於太多，無法一一介紹。略舉幾個型態各異、功能不同的金融機構，以為參考。首先看看第一類，較新、較純粹的影響力投資金融機構。

英國大社會資本

大社會資本（Big Society Capital）光看名字，就知道是間肩負著特殊社會意義的影響力投資公司。大社會資本成立於2012年，與其他影響力投資機構相同的是，既要賺錢，又要創造影響力；不同的是，大社會資本的特殊使命，旨在推動英國影響力投資產業的發展。

源起可以追溯到2000年，英國政府成立了「社會投資工作小組」（Social Investment Task Force），請來素有「英國創業投資之父」及「社會投資之父」的羅納德‧柯恩爵士*擔任董事長。

工作小組提了很多建議，包括在英國設立「社會投資銀行」、仿造美國的「社區發展金融機構」（Community Development Financial Institution，下稱CDFI）、對社會投資提供稅收減免，以及把沉睡在銀行超過15年的休眠帳戶資金，用來成立「社會投資機構」等等。

後來，果真通過立法，把眾多休眠帳戶的資金回收了4億

---

* 柯恩爵士是「橋基金管理公司」（Bridges Fund Management）的創辦人，管理資產超過10億美元。旗下成立「橋影響力基金」，並促成「影響力管理項目」（Impact Management Project），邀集全球2,000家機構參與，包括9家全球最重要的影響力投資「標準制定機構」，共同研究及推動影響力投資的評估與標準。

英鎊，加上英國四大銀行合計投資了2億英鎊，共計6億，成立了這家資金來源獨一無二的大社會資本，做為英國推動影響力投資的專業發展基金，並由柯恩爵士擔任董事長。

有趣的是，三分之二的資金來自政府，但是營運卻完全「獨立」於政府之外，公司董事會裡官派董事為0，公司受託人理事會也僅1名官派（相信有很多人羨慕這種風範）。

大社會資本自己不直接做影響力投資，但是專注培養，並投資各類的「中間商」，即影響力投資的專業服務機構，如其他影響力投資基金及影響力投資的顧問公司、資產管理、投資平台等。

他們也從不單獨投資，但與所扶持的眾多公司，聯合其他大型金融機構，共同參與、共同投資。其目的除了發揮槓桿、做大規模外，也為了培養行業參與者，共同活絡影響力投資市場。

他們也做社會投資的「基礎建設」，包括行業標準、衡量方式及報告準則等，也投資了世界第一個所謂的「社會股票交易所」（Social Stock Exchange, SSE）*。大社會資本也與全英國16萬家慈善機構直接打交道，鼓勵他們轉型影響力投資，投資

---

* 英國的SSE還不是一個真正意義上的股票交易所，目前只是提供投資方與被投資方的資料庫。或許現在整個產業還不夠完善與成熟。

英國6.5萬家社會企業。

他們這麼多資源資金,搬來轉去,投資誰或不投資誰,差別巨大。如此不避瓜田李下,也無懼圖利他人的閒話,相信後面有很明確的機制,與嚴格的專業操守,其實是讓我們欽佩與羨慕的。

這裡面也看到一個成熟社會的分寸。像影響力投資這麼重大的金融變革,一定需要政府的參與。但是又不能有太多政府的控制,免得形成依賴、壓抑創新、降低市場活潑度,甚至破壞市場機制,造成貪腐及不公平競爭。

英國人,有決心,有創新,公私部門密切合作,共同推動這個重要的金融變革。無怪乎,在影響力投資的產業發展上,英國一直是世界的標竿。

美國卡爾弗特影響力資本

卡爾弗特影響力資本(Calvert Impact Capital)是一個非營利、非銀行的金融機構,他們發行票據給個人投資者,把資金集合起來,在全球做影響力投資貸款。

最小的票據面額是20美元,可以直接在網上購買,支付年息1.5%至4%。對於「存款」來說,這是不錯的利息。於此同時,透過貸款,你一邊收利息,一邊做好事,幫助一些你想

幫助的人，解決你想解決的問題。

　　該公司創設時，就是一個美國政府認可的「社區發展金融機構」（CDFI），對幫助社區發展累積了豐富經驗，逐漸發展成一個全球性的影響力投資機構。

　　他們關注的議題包括婦女、老人、振興社區及幫助移民。目前在全球100多國，總共投資超過20億美元。他們深信：婦女好，則家庭好，教育及社會也都會好。因此，自2012年開始推動一項「婦女投資婦女」（Women Investing in Women，下稱WIN-WIN）運動，鼓動婦女投資，也鼓勵有需要的婦女借款興業。

　　WIN-WIN的主要議題在社會住宅、微型貸及健康醫療。2014年起，又增加了離網清潔能源（太陽能）。僅在2017年1年，就造福了70萬名婦女及1,000多家女性企業。至今WIN-WIN項目投資已達10億美元。

　　此外，根據統計，美國移民約4,000萬人，加上第二代及第三代，合計約占美國總人口的37%。這些人在美國受教育、就業、創業，有了基礎後，經常匯錢回老家。據估計，僅2015年1年，他們就自美國匯出約1,330億美元。

　　因此卡爾弗特影響力資本就與這些在美國的移民合作，讓他們買指定用途票據（有利息），把資源集合起來，共同幫助移民老家的社區發展與繁榮。並以提供中小企業貸款方式，發

展當地健康醫療、教育、乾淨能源、農業等項目。

南非跳蛙投資

安德魯・庫珀（Andrew Kuper）再度打破了世界紀錄，在2019年5月，為「跳蛙投資」（LeapFrog Investments）募集了一個7億美金的影響力投資基金，是有史以來最大的單筆影響力投資基金。

這代表了很多的意義。照庫珀的說法，「改良版資本主義」出現的時機到了。這位10歲開始投資，13歲有第一位客戶的南非投資奇才，是劍橋大學社會學及政治學博士，師從1998年諾貝爾經濟學獎得主阿馬蒂亞・森（Amartya Sen）。

經常把「有意義的利潤」（或者俗氣一點說，賺有意義的錢）掛在嘴邊的庫珀，堅決不同意為了社會意義，就應該犧牲利潤。這次超額募集7億美元，足以證明他的觀點，也可見人們非常歡迎「公益賺錢兩不誤」的做法。

他所創辦的跳蛙投資，專注亞洲及非洲，投資健康醫療及金融事業（主要在保險，如瑞典的BIMA微型保險），迄今已投資超過10億美元、26家企業。他們的平均成長率每年將近40%，並在35個國家，影響1.9億人，其中1.4億人是所謂的新興消費者（每天生活費在10美元以下）。

商業界多半把自己的商業機密深深藏好，但是影響力投資界卻恰恰相反。跳蛙投資組建了「影響力實驗室」（Impact Lab）作為自己創新實驗思辨的大腦。更重要的是，影響力實驗室也與政府、學校、營利及非營利組織合作，為他們提供顧問諮詢、研究發展、實驗創新、發展工具，提升影響力及企業利潤，共同推動影響力投資產業。

跳蛙的成立也是傳奇。柯林頓全球倡議的2008年會上，美國前總統柯林頓親自宣布跳蛙的成立，並為其背書：「跳蛙投資將在另類投資的領域裡，開創全新的局面。」

看來這位色色的美國總統，還頗有知人之明。

接下來，看看老牌大型金融機構。

美國摩根士丹利

作為一位全球投資銀行界的領軍人物，摩根士丹利的執行長兼董事長詹姆士・戈爾曼（James P. Gorman）清楚地認識到，只靠一些人的慈悲、願意犧牲利潤，來解決嚴峻的全球問題，是不可能的。要調動全球資本，來解決全球問題，就必須研發出財務上足夠有吸引力的金融產品。

於是，2013年，該公司成立了「摩根士丹利永續投資研究所」（Morgan Stanley Institute for Sustainable Investing），期望

運用金融的力量，來推動永續世界。該機構推出了全球影響力基金 PMF Integro Fund I，投資範圍廣泛，從南亞的教育和醫療保健，到南美的普惠金融。推動的工作也無遠弗屆。

針對影響力投資的浪潮，該機構為一般投資人發展了一套新的工具——摩根士丹利影響力商數（Morgan Stanley Impact Quotient, IQ）。該指數幫助投資人了解他目前的投資組合有哪些影響力，是否與他原本的期望相符，甚至可以幫忙建議一些新的投資組合，來更符合投資人希望達到的社會或環境影響力。影響力商數也會自動把一些「負面」的公司產品、服務及資訊，傳知給投資人，以幫助他們避免這些投資。

同時，也對非營利組織及慈善機構，提供另一套評估工具——Mission Align 360 ，並派遣專人，以8個步驟，協助慈善機構，評估他們慈善捐款的成效，或建議未來慈善做法的調整。

2019年4月，摩根士丹利永續投資機構發起了一項「摩根士丹利塑料廢棄物決議」（Morgan Stanley Plastic Waste Resolution），目標在2030年前，減少或清除5,000萬噸的塑料廢棄物。決議推出一系列做法，包括研究問題的所在、尋求解決方案、研發金融產品、承銷促進減塑的項目債券、創建投資組合等等，來進行實際減塑行動，並保護海洋，以資金支持科學研究、支持材料創新等。

該機構還與多所知名大學合作，提升影響力投資。例如與

西北大學商學院合作舉辦全球永續投資競賽；與密西根大學環
境及永續學院合作，探索系統化的解決方案，來減少塑料廢棄
物。這些方案包括科技、政策、經濟、法規、資本市場、投資
機會等等方面的融合與創新。另外，也與哥倫比亞大學合作，
研究如何提升影響力投資，來充分調動私人資本，解決公共議
題。

美國高盛

　　高盛的執行長大衛·索羅門（David Solomon）則認為，
銀行及其他的金融機構應該發揮創造力，盡快將永續投資納入
主流，因為，需求其實非常明顯。他說，過去兩年，與客戶論
及氣候變遷的話題顯著增加，但是永續投資（例如綠色債券）
在市場上依然非常有限，大約1%。他還說，當然，政府政策
的配合也蠻重要的。

　　話雖如此，其實高盛素來對市場變化敏感，在金融創新方
面勇於嘗試，以期符合或引領客戶的需要。在影響力投資方面
也是如此。例如，社會影響力債券（SIB）是這幾年的創新金
融產品，我們在第三章已有詳細說明。而高盛包辦了美國至少
60%以上SIB的實驗與實施，同時也發行了可能是世界上第一
個SIB基金。

　　另外，消除貧窮、繁榮社區、創造就業等都是永續發展目標的重要議題，也是影響力投資的重要標的。為此，高盛成立了「都市投資集團」（Urban Investment Group, UIG），以股權及債權混搭方式，協助美國弱勢社區的發展計畫、建設社會住宅（搭配社區空間及商業設施）、提供中小企業貸款、扶持當地教育、幫助醫療及養老等。都市投資集團項目已經在全美幾十個社區，投資了70多億美元（不是捐贈，是投資及貸款）。

　　同樣地，高盛也知道「賦權婦女」對家庭、社區、社會及經濟發展的重要。因此，在2008年，開啟了一個「萬名婦女計畫」（10,000 Women），在56個國家，透過100多個機構（學校、非營利組織、銀行），為10,000多名婦女創業。除了提供資金外，還加碼提供商業教育及人脈資源，來幫助創業與經營。

　　2014年，高盛的萬名婦女計畫又與IFC國際金融公司的「婦女金融項目」（Banking on Women）合作，成立了名為「女性企業家機會」（Women Entrepreneurs Opportunity Facility, WEOF）的貸款項目。過去這5年，女性企業家機會已經為33個國家的53,000名女性企業家提供貸款，幫助了經濟成長，創造了就業、家庭、教育及社會的正向發展。

　　高盛也以同樣的方式，即商業教育、人脈資源及資金貸款，幫助全美國的小型企業，其項目名稱就叫：「高盛萬家小企業」（Goldman Sachs 10,000 Small Businesses）。

德國德意志銀行

　　德意志銀行（Deutsche Bank）同樣是在早期就投入影響力投資的金融巨擘，2011年募集了德意志銀行影響力投資基金I（Deutsche Bank Impact Investment Fund I, DBIIFI），主要投資在食品安全、消除貧窮、創造就業以及氣候變遷等領域。

　　之後德意志銀行仍不斷投資、不斷募資，2019年5月，又完成兩個新的募資，累積起來已經超過20億美元。這也讓德意志銀行的影響力投資規模名列世界前茅。

　　在美國方面，則是透過他們在90年代，就在美國紐約成立的「社區發展財務集團」（Community Development Finance Group），20年來已經合計投資了24億美元，在社區發展相關的影響力投資。

　　該行是少數在早期就開辦普惠金融的老牌金融機構。此外，該行也相當關注再生能源，僅僅2016年，就安排了近40億美元的資源（股權及貸款），投入再生能源，產生了3,480兆瓦電力。

　　種種努力與成就，讓德意志銀行執行長高傑麟（Colin Grassie），在2013年8大工業國組織（G8）首屆討論影響力投資的會議上，被邀請做專題報告。他說，影響力投資將來一定不是「有，最好」，而是應該要整合到所有的企業營運之中。

並且特別強調，要讓影響力投資成為一種單獨的資產類別，必須要公私合作。德意志銀行不想，也無法獨自做到這點。

由於我個人堅信「教育」才是一切的根本，無論是脫貧、就業、平權、食品安全、衛生、經濟發展，都是以教育為基礎。所以，德意志銀行所有影響力投資相關的項目中，最欣賞的是他們推動的「天生我材」（Born To Be）項目。

該項目有系統地分析阻礙青年學習的障礙，鼓舞弱勢青年不要放棄，幫助他們教育成長，提供工作技能培訓，並且幫他們找到好的機會（就業）。5年來，天生我材項目在29個國家，與各類機構及意見領袖合作，透過180個合作計畫，影響了440萬年輕人。

最有意思的是，德意志銀行充分動員自己銀行員工，義務擔任年輕人導師、教練、模範及領導，鼓舞並幫助孩子成長。

他們在做慈善？不是。除了員工的義務服務外，其他都是影響力投資，賺有意義的錢。

英國安本標準投資管理

商學界、商業界，都知道華頓商學院是全球最頂尖的商學院之一，特別是在財務金融領域。

其中很多人也知道華頓商學院有一個著名而且免費的網上

知識資料庫，叫做Knowledge@Wharton（簡稱K@W），有大量的商業時事、研究、分析、建議、評論，對商科學生及專業人士頗有參考及學習的價值。

但是，大家未必知道K@W有一個兄弟產品Knowledge@Wharton High School（下稱KWHS），類似的內容，但是文章較短、淺顯易讀。不但分門別類，還有豐富的教材及學習計畫，是一套很完整的高中商學教材，免費提供給全球高中生、教師學習及教學之用。KWHS還舉辦各種商業競賽，鼓舞全球高中生學習商業知識的樂趣。

華頓商學院有很多不同的項目或活動，都會找來業界最頂尖的公司合作，增加學校師生與業界、實務界的互動。KWHS其中一個投資界的重要夥伴就是安本標準投資管理公司，為英國最大的資產管理公司，營運範圍遍及全球，旗下管理的資產高達6,700億美元。

之所以特別介紹安本，並非因為他們是本書初版的贊助者，而是因為這家公司的每一項投資，都認真考慮ESG的影響。也可以說ESG，已經融入他們的DNA。

ESG是影響力投資的基礎。很多老牌金融機構也開始愈來愈重視ESG的影響，但是完全融入公司DNA，做為所有投資依據的卻不多見。或許正因為如此，他們與我初次見面，就對於本書反應熱烈，應承贊助。

　　安本之所以把ESG融入他們的DNA，一方面，反映了他們投資專家及管理團隊的道德價值觀；另一方面，他們也認為，把ESG當一回事又做得好的公司，通常財務績效會比較好，企業風險也會比較小。這豈不是對信任他們的投資人最好的回報嗎？

　　事實上，當他們一手交出亮麗的財務利潤，一手又傳達這些投資所造成的良善社會及環境影響力時，投資人也給了他們更多的認同與掌聲。這麼看來，安本專注ESG的做法，是典型「行善致富」（這裡的富，既是投資人，也是安本，更是整個社會）的雙贏策略。

　　這裡，我們藉著安本「全球股權影響力基金」（Global Equity Impact Fund）的做法，簡單介紹影響力投資方面的考慮及做法。

　　該基金把聯合國17項永續發展目標（SDGs）作為追求及衡量影響力的對照參數，並將17項目標整合簡化成3個方面：1. 氣候變遷，2. 社會不平等，3. 永續生產與消費。希望透過他們投資的力量，來幫忙解決。

　　然後，把這3個方面，延展成8大支柱（投資重點），分別是：1. 循環經濟，2. 永續能源，3. 食物與農業，4. 水資源與衛生，5. 保健與社會福利，6. 普惠金融，7. 永續不動產與基礎建設，8. 教育與就業。

　　根據這些原則，他們投資了不少環境／社會影響力十足的上市公司：

- DS Smith：英國循環經濟企業，業務為廢棄物處理。年處理2.5億顆廢電池及500萬噸廢棄物，減低了260萬噸碳排放，並用回收廢棄物製作了近4,000噸產品。
- 維斯塔斯（Vestas）：丹麥企業，世界最大的風力科技公司，服務全球80個國家。
- 蘇伊士環境集團（Suez）：法國企業，提供潔淨飲用水、環衛設備系統及自然資源保護。
- Equinix：美國企業，在24個國家，有200餘個資料中心等。

　　此外，安本還有投資前面介紹過的台灣公司旭隼。更重要是，除了傳統投資做法及財務分析外，還有其以投資達成「影響力」的執行程序：

1. 投資前調查：要確認被投資公司的改變理論（Theory of Change）*、影響力來源及力度（數量），以及達成的方

---

* 改變理論被用於慈善、非營利組織與政府部門，以期能促進社會變化。改變理論先定義長程目標，然後回推、規劃，來確認達成目標的必要各個條件。

法及可能性。

2. 投資後管理：定期、不定期，經常與被投資公司接觸、
　交流、影響（借鏡其他案例）及投票表決等，來了解、
　管理與提升其正面影響力。

3. 影響力的衡量與報告：依照產業別及影響力性質，挑選
　市面上已有的衡量工具，合理、透明、盡量量化的衡量
　與報告。

　這些都是屬於說起來容易，做起來難的事。安本全球股權
影響力基金不但早已把上述 ESG 投資，融入他們的基本動作，
更在出售投資時，也慎選接手投資人，以盡可能地承續影響
力。

　這正好符合華頓商學院財務金融系教授大衛・穆斯托
（David Musto）的最新研究。穆斯托教授發現，先進的影響力
投資人已逐漸開始用「合約」，來要求落實影響力。例如，投
資人與投資公司的「委託合約」、投資公司與被投資公司的
「投資合約」，以及投資出售方與承購方的「股權買賣合約」。

　全球金融機構擁抱影響力投資已成趨勢。他們手裡工具
多、資源大，要比拚的是誰的市場敏感度高、創新能力強，能
端出更吸引人的影響力投資產品，獲取投資人的青睞。利己，
利客戶，也利社會。

幾點思考

1. 美國卡爾弗特影響力資本以小額債券（20美元），讓百姓參與影響力投資的做法，在台灣可行嗎？怎麼做？
2. 作為普通投資人，請列舉本章資訊對你的意義。
3. 作為金融專業人士，請列舉本章資訊對你的意義。

第16章

「全球影響力投資聯盟」 ──基礎建設軍團

「全球影響力投資聯盟」（GIIN）致力於推動全球影響力投資產業，在其官網上，就開宗明義地說：

今天的投資，造就了明天的世界。

這個說法與胡適的「要怎麼收穫，先怎麼栽」的說法如出一轍，也完全吻合我們東方的因果邏輯。

影響力投資的誕生

2007年，洛克菲勒基金會在其義大利貝拉喬會議中心，邀請了投資者、企業家及慈善家，召開了一場會議。

　　與會者大哉問：怎麼能讓我們及其他投資人，願意投注更多的資金資源，來協同解決日益嚴重的社會及環境問題？

　　會議結束之前，正式定名了「影響力投資」。

　　2008 年的第二次會議，訂定了影響力投資的建構藍圖。影響力投資就在這麼一個「價值」與「企業」合流的世界裡誕生了，為投資及創業提供了全然不同的新模式。

　　剛誕生的嬰兒無法自己長大。一個產業的成長，也需要俱足的條件，與多方的努力。

　　這裡面包括透過基礎研究來定義及探討影響力投資的方法、有哪些不同的市場（上市、未上市）與產品（股票、債權、實體資產）、如何發掘社會／環境問題、分享解決方案、了解市場的發展、投資人的趨勢，並提出未來推動藍圖。

　　更重要的是如何評量、管理或增進社會／環境影響力，以及大家最關心的：影響力投資的報酬率與傳統投資相比是否較低？並且，探討困難及障礙，給政府及相關單位提供建議，以期公私合作，共同推動與解決。

　　當然，需要許多資源來做全球田野調查、研究比對。其中，最困難的莫過於要建立大家都「比較」可以接受的標準，來評量及報告投資（包括項目及基金）的社會／環境影響力績效。

　　接下來就是推廣工作，把上述這些基礎研究的成果，有效

地推廣給投資人及投資管理人，推廣給政府、學校及媒體等。
這些推廣的工作，就包括了文章、演講、媒體，當然也包括了
建立社群／會員（投資者、管理者、資助者、研究者、學習者
等）、年度大會（資訊分享及關係網絡）及出版研究報告等。

　　教育訓練當然也不可或缺，產業的成長必然帶動人才的需
求，影響力投資在過去10多年來發展迅猛，人才需求與缺口
相當大。教育訓練包括了課程發展、個案研討、講師及導師，
以及教學的方式（線上或線下）等等。

影響力投資的推手

　　參與2008年貝拉喬會議的大咖們當然明白這些需求。在
著名的柯林頓全球倡議的2009年年會上，洛克菲勒基金會領
銜主演，糾集其他22位投資界、企業界、非政府組織及慈善
界的巨頭，正式宣布共同出資金出資源，「孵化」全球影響力
投資聯盟（下稱GIIN），來擔綱上述艱難的挑戰。

　　GIIN網站的首頁明白揭示：

　　　　影響力投資的願景，就是要解鎖巨大的私人資本，攜
　　手公共資源及慈善資金，共同面對緊迫的全球挑戰。

　　而成立GIIN的目的就在「扶養」影響力投資產業，紮根基礎建設、深入研究、推動教育、建構社群，來壯大影響力投資，創建更美好的明天。

GIIN 的主要任務

　　這是遠大的目標，宏偉的構想。讓我們來具體看看GIIN這些年來主要的工作。

1. 基礎研究：

　　這10年來，GIIN做了很多影響力產業發展相關的基礎研究，定義了影響力投資，建立了社會／環境影響力的分類。有總體研究，也有個案分析（項目、投資人及基金），其內容遍及不同領域、不同國度、不同資產類別。另外還有相當篇幅的財務投資報酬比較研究、全球年度調查報告，及未來的發展及建議等。

　　GIIN除了自行研究，撰寫報告之外，也會委託相關機構，共同研究與出版。所有的研究報告，無論文字或影音，都免費公開，供人查閱及學習。

2. 工具發展：

任何產業都會有自己的行話及產業術語，但是對於影響力投資產業來說，更重要的是──行業的標準。最主要就是對於社會／環境影響力的評量方法及標準，以及報告的模式。

● IRIS：業界普遍接受的績效指標目錄

影響力投資的範圍非常廣泛，從教育、醫療，到農業、除貧，從水資源、能源，到二氧化碳及森林保育等等。每一種影響力的內涵都有所不同，大部分都難以量化，更別說轉化成統一的單位（例如美元）來做比較。

但是缺乏「評量」的工具及標準，我們又怎麼證明及報告，投資在「社會／環境影響力」方面的成果（績效）呢？這是個非常困難的問題，至今並未完全解決。作為全球影響力投資最重要的推手，GIIN當然要在這方面下足功夫。

2008年起，洛克菲勒基金會與其他一些志同道合的影響力投資先行者（如艾克曼基金、B Lab），就開始發展一套指標目錄，把社會／環境影響力分成40多個類別，分別建立標準定義及使用指南。每個指標的建立都非常嚴謹，必須有產業領導、利害關係人及評量專家的大量投入。

指標目錄免費開放給所有投資人及基金管理人，讓他們自行操作，有序地把投資資料及社會／環境影響力結果放入系統，作為比較之用。他們可以與自己的投資目標比較，也可以

橫向的與某一特定影響力類別的其他投資比較。

　　IRIS不會給你憑證或評分，但是比較的結果，可以融入其他的評量體系作為評估的基礎。這份指標目錄就稱為「影響力報告及投資標準」（Impact Reporting and Investment Standards, IRIS），IRIS成為了業界普遍接受的績效指標目錄。

　　2009年GIIN成立之後，洛克菲勒基金會就把IRIS交給GIIN管理、維護及更新。這10年來GIIN對IRIS不斷地更新改良，加入了新的市場資訊（績效結果），融合了更多評量機構的需求，整合出核心指標組合，並在每個影響力類別中加上了「影響力執行模式」（Impact Delivery Models），及其策略目標。終於在2019年5月正式推出新版的IRIS+。

　　● ImpactBase：全球影響力投資基金及產品的資料庫

　　這個資料庫是影響力基金及影響力投資產品的平台，提供給全球的影響力投資人，無論是大型的機構投資人、退休基金、慈善基金，或高淨值個人，讓他們可以上網，按照自己的需求來搜尋可能的投資機會。

　　投資人因為自身（資金及財務需求）的原因，往往會有很不同的投資目標，包括與一般投資相同的一些需求，如資產類別（股權？債務？實體資產？上市公司？初創私營企業？）、風險承受的大小、投資期限的長短等等。

　　也有影響力投資特有的需求，如目的與價值觀不同（要提

升貧童教育？還是要減低二氧化碳排放？）、投資報酬的要求是否因為追求影響力而有所調整（市場報酬？低於市場？只求保本？）等。

有了ImpactBase資料庫平台，方便影響力投資基金的曝光，當然也方便投資人按需投資，實現價值與理想。這當然大大促進了影響力投資市場的活絡。*

3. 教育訓練：

人才是萬業之本，對於影響力投資這個新興的產業尤其如此。GIIN目前提供兩類實用課程，分別提供給投資人及基金管理人。課程的內容包括市場資訊、個案研討、投資模擬，以及影響力投資相關專家的經驗與知識。

- 影響力的評量與管理（Impact Measurement and Management, IMM）：

專門為「影響力投資人」設計的2天課程，幫助他們根據自己的價值觀及投資需求，建立自己的影響力投資。

---

* 由於影響力投資進展迅猛，許多大學、研究機構與基金會都認同影響力資料庫的價值及功能，而紛紛建構資料庫，各有重點不同。有專注在歐洲，有專注在上市公司（共同基金），有專注在新創事業，有專注在影響力及其分析，也有專注在投資型態、程序及投資報酬的。有興趣的朋友可以上網查找。也因此，GIIN自2021年暫停ImpactBase的服務。

- 影響力投資基金管理指南（Guide for Impact Investment Fund Manager）：

免費線上課程（主要是文字），用以教導基金管理人如何建構一個影響力投資基金、如何設定影響力的目標及財務報酬目標、如何募資、如何管理基金投資，以及如何管理影響力的發揮等等。

除此之外，GIIN也在世界各地，舉辦研討會、座談會及工作坊，培養人才，也發展影響力投資社群。

4. 年會及會員：

建構影響力投資社群也是GIIN的重要使命。該聯盟的會員網羅了全球影響力投資界的幾百家主要機構，包括資產所有人（投資者）、資產管理人（基金管理）及服務提供商（投資顧問及其他）。

GIIN年會是重要的知識及資訊分享的平台，也是業界及會員間見面交流的盛會。每年在全球各地輪流舉行，例如2019年在荷蘭的阿姆斯特丹舉行。

其他夥伴組織

除了GIIN之外，全球還有許多公私營機構（營利、非營

利、慈善基金、金融機構、大學、協會、研究院），積極參與
研究、教育及推廣的工作，來共同推動影響力投資產業的建
設。

這裡舉兩個國家級的例子：

- 英國影響力投資協會（The Impact Investing Institute）：
英國素來推廣影響力投資不遺餘力，也在全球居於領導
地位，原來就有2個「國家級」的影響力投資研究及推廣機
構，分別是英國國家諮詢理事會（National Advisory Board）
與英國培養社會影響力投資文化的執行小組（Implementation
Taskforce for Growing a Culture of Social Impact Investing，創建
於2013年英國的G8年會）。

2019年大動作地整合這2家機構，成立「英國影響力投
資協會」，目的在加速推動英國影響力投資，充分運用金融
的潛力，來應對社會及環境的挑戰。協會得到英國公私部門
的合作支持，包括「數位文化媒體與體育部」（Department for
Digital, Culture, Media and Sport）、國際發展部（Department of
International Development）、倫敦金融城組織（City of London
Cooperation），以及英國傳統金融巨頭及眾多影響力投資基金。

其主要的工作包括：強化影響力投資的基礎建設、增加影
響力投資的金額、提高影響力投資的效能，以及排除影響力投
資的障礙（包括修法）。

- 美國影響力投資聯盟（The U.S. Impact Investing Alliance）：
是個相對私營，也比較鬆散的組織。原先在G8之下成立
了「美國社會影響力投資工作小組」（Social Impact Investment
Taskforce），大部分的工作由「美國國家影響力投資諮詢理事
會」（National Advisory Board on Impact Investing，下稱NAB）
承接。

　　這個聯盟就是NAB的繼任者，在NAB過去的成就基礎
上，繼續推動美國的影響力投資。該聯盟所組織的「影響力投
資總裁理事會」（Presidents' Council on Impact Investing）由美
國20家最具名望的影響力投資機構組成（旗下管理的資產高
達800億美元），不定期開會，提出方案，推動美國的影響力
投資。

　　另外，全球性的B型實驗室（B Lab）雖非100%的影響力
投資產業推動者，但是其宗旨在重新定義「好」的企業，把企
業當作一個「善」的力量，以包容及永續的經濟，來創造全體
人類的共容共富，確與影響力投資思維類似。

　　B Lab以5個面向（公司治理、員工照顧、環境友善、社
區照顧和客戶影響力），為全球企業認證B型企業（對社會或
環境「好」的公司）。審核過程嚴謹，全球8萬餘家申請者，
目前已經核准認證3,000家，在全球形成一群受人尊敬的新經

濟力量。由於台灣分會的不懈努力，台灣也有將近30家企業獲得認證，亞洲第一，國際能見度頗高。

B Lab成立之初，獲得洛克菲勒基金會、保德信金融集團、福特基金會（Ford Foundation）、斯柯爾基金會（Skoll Foundation）等數十家慈善基金，加上政府、企業、個人的大力支持，募得3,200萬美元。

除了B型企業認證外，B Lab也發展了不少重量級的影響力評估及報告工具，例如「全球社會影響力投資評等」（Global Impact Investing Rating System, GIIRS）及「B型企業分析」（B Analytics），對於影響力投資產業的發展貢獻卓著。

以上幾個例子講的是英國及美國。其實還有很多國家，如法國、澳洲、加拿大、日本、德國，及其他若干先進的歐洲國家，都有類似的組織。看起來像民間的協會組織，但是裡面又有很多政府的參與。

由此可見，民間及政府都認為影響力投資非常重要，各國也都在搶資源搶時間，要盡快幫忙把資本市場的資金導入影響力投資，既賺取投資利潤，又解決社會及環境問題。

另外也可見，影響力投資產業還需要做很多基礎工作，而政府與民間（業者）的通力合作，才有可能做得有效果（好），做得有效率（快）。

　　說到政府民間的通力合作，就不要忘記還有一個要角——大學。以美國為例，幾乎叫得出名字的世界名校，都有影響力投資相關課程，或研究中心、顧問團隊與學生社團。這個部分對影響力投資的未來發展亦至關重要，我們下一章來介紹討論。

幾點思考

1. 以上公私部門緊密合作的模式，對我們有什麼借鏡？
2. 台灣需要一個什麼樣的協會或學會來推動影響力投資？*

---

* 二版註：台灣影響力投資協會於2020年12月正式成立，目的在接軌國際，推動影響力投資生態系統的建構，以調動私人資本，參與解決公共議題。

第 17 章

大學扮演的前瞻性角色

華頓商學院

工業致富的約瑟夫・華頓先生（Joseph Wharton）前瞻思考，有意培養嫻熟經濟、財務、商業的畢業生，作為經濟發展的頂梁柱，於1881年捐資創辦了世界第一所真正意義上的商學院——日後大名鼎鼎的華頓商學院，是為常春藤名校賓夕法尼亞大學的商學院。

無論你再怎麼有錢，如果不是創建了這所偉大的教育機構，華頓先生的大名也不會永久流傳。這也說明了教育投資，往往是最有「價值」的投資。

作為全世界最好的商學院之一，華頓商學院在古老典雅的建築中，保持著一顆現代的頭腦，永遠對於商業世界的變化與趨勢，保持著銳利的敏感度，並不斷創新，引領商學教育的發展，為快速變化的商業世界提供最前沿的指導（研究），以及

最優秀的人才（教育）。

華頓商學院畢業生在世界各地，無論公私部門，都有傑出表現。據說，華頓也是創造出最多超級富豪（10億美元級）的商學院。

面對這次投資界的新興潮流——影響力投資，華頓商學院當然也當仁不讓，並義不容辭地扮演著重要角色。事實上，2007年時，影響力投資最重要的推手洛克菲勒基金會，當時的總裁茱蒂絲・羅丹博士，就是剛卸任的賓大榮譽退休校長。似乎也頗有一脈相承的味道。

華頓商學院下設「華頓社會影響力中心」（下稱WSII），網羅了學者（教授及研究人員）及各類影響力投資相關的機構（基金、服務、協會、校友），共同努力，志在提升影響力投資的教育及研究，並擴大建立社群，在社會上造成更大的正面影響。

這不正是一流大學對社會應該有的基本使命嗎？

作為商學教育的領頭羊，WSII有70多門社會影響力方面的課程，研究範圍廣泛。其實證與分析強調以事實為基礎，以實際需要為出發，探討適合影響力投資的產業及地區，研究影響力投資的財務報酬，WSII提供經費、組織研究，並把研究成果，轉化成可行方案與獨特見解，發表報告且供人免費使用。

　　WSII也建立了全球第一個影響力資料庫「華頓影響力研究及評估資料庫（Wharton Impact Research & Evaluation Database，下稱WIRED），包括各種類型影響力投資基金、影響力企業、投資說明、影響力投資的方案（策略及架構）、財務報告、募資計畫、法律文件、調查資料、影響力評量結果及報告等等。WIRED應該是世界上最完整的影響力資料庫＊。

　　在教育方面，你會發現WSII所有的課程及項目都非常務實，或說把理論應用在實務上。也經常結合不同的機構，共同推動一些有意義的項目，提升學生的影響力投資教育。例如：

1. MBA影響力投資聯盟及培訓（MBA Impact Investing Network and Training，下稱MIINT）

　　MIINT透過年度課程與投資競賽，來提升各校的影響力投資教育，並促進師生聯誼，建立未來事業發展的人際網絡。

　　華頓目前邀了25所歐美頂尖商學院的MBA參加，例如美國的芝加哥大學布斯商學院（Booth Business School）、加州大學洛杉磯分校（UCLA）、柏克萊、哈佛商學院、維吉尼亞大學、密西根大學、紐約大學、康乃爾大學、耶魯大學、麻省

＊ 2020年10月，華頓商學院更與哈佛商學院、芝加哥大學商學院，合作成立了「影響力金融研究聯盟」（Impact Finance Research Consortium, IFRC），傾三大名校之力，共建「影響力金融資料庫」（Impact Finance Database, IFD）。

理工學院等，以及歐洲的倫敦政經學院、歐洲工商管理學院
（INSEAD）、世界最古老的大學義大利博科尼大學（Bocconi
University）管理學院，以及牛津大學的賽德商學院等等。

　　各校學生在自己學校組隊報名後，MIINT會提供一套完整
的線上教材，包括影響力投資的管理與評估。各校也可以自行
研發課程內容，由學校老師聯合業界高手一起授課，並指導學
生參與比賽。

　　學生要站在影響力投資團隊的立場，發掘創新有意義的影
響力投資項目，做好前期盡職調查、評估定價、討價還價、撰
寫投資報告書，最後交給裁判評比。

　　所有學校都受邀到費城華頓商學院，參觀總決賽簡報，並
相互認識建立友誼。優勝隊伍推薦的企業，可以獲得50,000美
元的獎金（創業基金）。

　　MIINT的年度競賽是由華頓商學院及著名的「橋影響力基
金」（Bridges Impact Foundation）合作辦理。

2. 影響力投資組合競賽（Total Impact Portfolio Challenge, TIPC）

　　也是以教育為目的的年度競賽。不同的是，學生要為「客
戶」建立一個影響力投資的投資組合，而非挑選一家企業。雖
然規定不限投資資產類別，不過主要以上市公司的股權及債權
為主（MIINT以未上市公司為主）。

3. 華頓非洲成長夥伴項目（Wharton Africa Growth Partners, WAG）

另外一個與投資人一起實作的學習課程，地理位置專注在撒哈拉以南的非洲。除視訊溝通外，學生也有機會飛去當地，與投資家及被投資企業一起工作、學習與成長。

另外，還有許多與影響力投資教育有關的課程與活動，例如：

1. WISE學生顧問團（WISE Fellowship）：學生社團，替影響力投資相關企業做顧問服務，每週約10小時，跨領域學習，不限科系。
2. 特納社會影響力學會（The Turner Social Impact Society, TSIS）：由校友透納（Turner）捐款，每個月有1至2次活動，學習、參與及實踐社會影響力相關議題與事件。
3. 華頓影響力創業投資夥伴（Wharton Impact Venture Associates, WIVA）：在教授及業者合作指導下，實際參與影響力投資業者的每一步驟（從募集資金，到發掘項目及盡職調查等）。藉此學到業界最先進的影響力投資、管理及評量，並且建立未來有用的業界人脈。

此外，還有一個很特別的學生組織「社會影響力諮詢委員

會」（Social Impact Advisory Board, SIAB），其實是作為WSII
的「大使」，在校內宣導影響力投資，串連所有的學生社團，
廣邀學生參加活動，以提升WSII在學校的影響力。

校友們還設立了一些獎金，來鼓勵同學參與影響力投資
的研究與工作。例如，「傑布影響力投資獎金」（Jacobs Impact
Entrepreneur Prize）提供獎金給華頓MBA學生，以開創或擴充
他們自己的影響力企業。

另外一個更妙，校友本登海姆（Bendheim）自2005年起，
成立了「學費貸款減免專案」（Bendheim Loan Forgiveness），
鼓勵學生去社企工作。專案開放給社企工作的校友，申請減免
學生貸款（也就是由該校友代為還款）。迄今已經減免近百位
校友的學生貸款，合計減免學費貸款約數百萬美元。

WSII的研究、資料庫、課程與活動，都是一所頂尖大學
對人類社會進步的責任與貢獻。

介紹華頓商學院的篇幅比較多，除了其在影響力投資真的
很全面，很值得參考外，當然也是對母校的偏愛，敬請見諒。

其他美國名校的參與

但是，華頓商學院絕非特例。美國各個知名大學在影響力
投資領域，無論研究、教育、活動或推動社群等方面，或多或

少都有所涉獵。

哈佛大學非常重視社會企業及社會影響力,早在1993年就在商學院成立了「社會企業中心」(Social Enterprise Initiative),除了教學、研究之外,更建立了影響力投資的個案研究,對全球影響力投資的商學教育有很大貢獻。

另外,哈佛甘迺迪學院有一個「責任投資中心」(Initiative for Responsible Investment),以投資為核心,關注各種社會問題的解決方案,提供給跨領域的學生教育及學者研究,出版了很多有份量的研究報告。再者,甘迺迪學院與洛克菲勒基金會合作成立「影響力債券實驗室」,實際幫助聯邦及州、市政府,設計與執行SIB項目(內容請見第三章)。

哈佛校友勢力龐大,學校也多方鼓勵校友,贊助與參與哈佛影響力投資教育,這也是哈佛另外一個優勢與特色。

而西岸的史丹佛大學有一個範圍較廣的組織:史丹佛慈善事業及公民社會中心(The Stanford Center on Philanthropy and Civil Society, Stanford PACS)。

中心有很豐富的課程、研究、活動以及出版品。其中,史丹佛社會創新評論(Stanford Social Innovation Review, SSIR)是社會影響力研究方面的權威品牌。該中心也相當積極,甚至已經在中國大陸設立了「史丹佛慈善事業及公民社會中心中國中心」,史丹佛社會創新評論也有簡體中文版。

　　另外，在史丹佛商學研究所有一個專們用來投資影響力企業的基金——「史丹佛商研所社會影響力基金」（Stanford GSB Social Impact Fund）。在教授及業界專家的指導下，讓學生擔任基金的「投資副總裁」，參與投資事業的全部過程。每個項目的投資金額為2.5萬至7.5萬美元，學習意味大。

　　講到學校／學生影響力投資基金，倒是應該談談猶他大學，看看他們的影響力投資教育又有什麼不同。

猶他大學埃克爾斯商學院

　　創投公司出資1億美元，在大學的商學院內設立影響力投資中心。由教授及投資高手在課堂上傳授投資心法，也在課堂外，共同帶領學生實際進行投資事業的每個環節。對學生來說，這個絕佳的學習機會，居然還是有償打工，有錢可賺。

　　2010年，索倫森創業投資公司與猶他大學埃克爾斯商學院（David Eccles School of Business）合作，在商學院內設置「索倫森影響力中心」，並出資1億美元，設立「大學創投基金」（University Venture Fund, UVF），主要投資具有社會意義的新創企業。根據媒體報導，這項創舉是美國唯一的，也是當時最大的學生實驗投資基金。

　　設在大學的索倫森影響力中心，自詡為一個智庫，也是一

個行動中心。中心結合研究、理論與實務，開設投資課程，舉辦各種活動，促進學生與企業的合作，並帶領學生實質參與各項投資及管理，包括：投資研究與分析、市場研究及影響力分析等領域。

學生領取實習薪資，參與投資實務，也因此絕不是做些表面研究、參觀公司、討論個案或拼湊文章撰寫報告等工作而已。這些都是真金白銀的巨額投資，每一個投資案都是智慧與能力的挑戰。每個投資環節都有專家及教授親自指導，包括：尋找投資機會、盡職調查、撰寫商業計畫與投資報告、擬定投資條件、實際參與談判、投資交割交付。更重要的是，投資後管理、影響力評量、財務目標，以及影響力目標的報告等等。

截至2018年已有400多位學生參加這個項目（教室課程加上實務投資作業），投資總金額超過1億美元。主要投資目標為：早期風險投資、創新創意項目與社會／環境問題解決方案。目前已投資數十家公司，其中有11家已經「出場」，包括5家股票上市，6家被其他公司併購。其投資績效相當亮眼。

更重要的是，他們投資具備社會及環境影響力的公司，這些被投資公司加總起來，已經影響數百萬底層的貧民，減少數百萬噸的碳排放，創造了數千個有意義的工作。

研究及課程除了對校內學生開放外，也分享社會大眾，以求「共好」。其中包括高階主管課程及投資顧問服務等。

這些成就並非只是大學與索倫森的雙方合作。該中心也與許多外部組織合作，包括政府、影響力投資基金、企業、創業家、有創意的非營利組織、家族慈善基金及各類基金會等，來幫助投資及企業發展。畢竟，一個產業的發展，協作是成功的關鍵。

猶他大學索倫森影響力中心的另一項創舉是，與《富比士》（Forbes）雜誌合作，推出「影響力革命」（Impact Revolution）系列，包括短片及文章。這項創舉視野遠大，高度及精彩度都不錯，可在YouTube中觀看。

猶他大學是一所相當不錯的公立大學。根據美國新聞與世界報導，該校在全美排名100左右（公立大學40名左右），但是商學院的創業課程排名全美第10，或許跟索倫森影響力中心結合投資理論與實務的教育有關。

無論如何，任何大學都有自己的社會責任，只要有心，即使不是最頂尖的大學，也可以很務實地來推動產業發展。像是索倫森影響力中心，就造就了自己的學生，提升了自己的校譽，並創造了多方共贏的可能性。

從美國飛到大西洋彼岸，來到社會企業的發源地──英國。他們對於影響力的教育投入有何異同？

牛津大學賽德商學院

牛津大學賽德商學院也舉辦了全球性的競賽，闡明社會與環境變遷的挑戰。

但是，該競賽與美國華頓商學院的比賽完全不同。美國的競賽講究的是「個體」，例如：誰的投資方案最可行，且風險最小？誰的投資組合有最高的投資報酬及社會影響力？

但是賽德商學院的比賽，則要求學生從系統的角度，查看各種影響因素的交互作用，從整體來看，各種社會及環境問題的交互影響、輕重緩急、科技力量，來訂定優先順序。比賽的內容似乎更「學術」，但其實是為「實務」的問題，提供更完整的「系統」，並為解決路徑，提供更明確的「地圖」。

這項全球競賽的名稱就叫做：「社會問題系統地圖」（Map the System）。英文原名稱極為貼切，中文譯名卻實在抱歉（真正的意思為：圖解社會問題系統）。

這項比賽，除了培養學生對特定社會或環境問題，有深入且系統地了解外，更重要的教育思維是——培養學生邏輯、思辨及綜觀全局的能力。

Map the System是賽德商學院「斯柯爾社會創業中心」眾多教育項目之一。毫無懸念地，該中心是由一位叫斯柯爾的哥們捐助成立的。此為何許人也？

　　傑佛瑞‧斯柯爾（Jeffrey Skoll）是在美國發大財的加拿大人，他是線上拍賣購物網站eBay的第一名員工，也是第一任總經理。工作2年之後（1996至1998年）離職，賣掉eBay股份，得款20億美元。

　　精采人生才正要開始。他創建了「參與者影視媒體」（Participant Media），願景是：以娛樂來促成社會的良性變革。公司關注6個主題：環保、健康、人權、機構社會責任、和平與寬容，及社會與經濟正義。

　　他們製作了100多部影片，獲得了73項奧斯卡提名，贏得了18座大獎，包括近年的奧斯卡最佳影片《幸福綠皮書》（*Green Book*）及《驚爆焦點》（*Spotlight*）。還有許多膾炙人口、叫好叫座的電影，如美國前副總統高爾撰寫的《不願面對的真相》，與《追風箏的孩子》（*The kite Runner*）、《血色海灣》（*The Cove*）、《姊妹》（*The Help*）、《林肯》（*Lincoln*）、《郵報：密戰》（*The Post*），以及與美國前總統歐巴馬聯合製作的紀錄片《美國工廠》（*American Factory*）等。

　　之所以說這麼多，因為傑佛瑞‧斯柯爾除了運用大量的資金（基金超過10億美元）在做影響力投資，並資助社會及教育外，他的參與者影視媒體製作這麼多叫好叫座、具有社會影響力的電影，根本就是一家影響力企業的典範。特在此致敬！

　　除了年度全球競賽Map the System，以及社會影響力相關

的研究及教育外，賽德商學院斯柯爾社會創業中心還做了許多與影響力投資相關計畫。例如：

- 斯柯爾世界論壇（The Skoll World Forum）：每年邀請全球最有影響力的社會企業家、意見領袖、策略夥伴、影響力投資基金等，共聚一堂，分享資訊、成果、方法，並共商未來。
- 影響力實驗室（Impact Lab）：招收志在社會影響力的學生，1年課程，50名MBA學生。
- 循環經濟實驗室（Circular Economy Lab）：全力推動循環經濟，讓資源最大限度地發揮作用。
- 影響力領導（Leading for Impact）：培養牛津大學學生成為未來社會影響力的領導人物。
- 提供各類獎學金及資金，鼓勵學生、教授、研究員，並資助社會企業的創辦及營運。

其實教育的最高境界是：以身作則。如果你教一套，做一套。沒人會買單。

影響力投資企圖用財務工具，來解決社會及環境問題。而牛津大學賽德商學院也認真做一個對環境有責任感的永續機構。其措施多元，包括太陽能、地熱、LED燈、節能管理系

統，每年減少碳排放77噸。另有垃圾分類並處理產生有用的
沼氣及肥料、提供單車及電動車、種樹並增加生物多樣性等
等。既有利於環境，也身教學生。

　　歐洲是社會企業及影響力投資最盛行的地方，也因此很多
大學都有影響力投資相關的課程、研究與社群活動。最後再舉
一個歐洲商學院的例子。

西班牙納瓦拉大學商學院

　　全球知名的IESE（Instituto de Estudios Superiores de la
Empresa），是西班牙納瓦拉大學（University of Navarra）的商
學院，但其國際名氣遠大於其所屬大學，即便後者已是西班牙
排名第一的私立大學。

　　納瓦拉大學隸屬天主教的主業團（Opus Dei）*，有醇厚的天
主教氛圍。在校園裡簡約現代的建築中，維持著一顆尊重傳統
的心。

　　根據我多次長期拜訪的親身體驗，知道該校除了教育優質

---

* 主業團是天主教內的一個平信徒團體，其使命在於鼓勵世人（基督徒）在俗
　世的工作及生活中，盡可能地遵循及實踐天主教的傳統信仰，成為聖人、服
　務他人。其成員包括工程師、律師、老師、藝術家、公司職員、醫生以及家
　庭主婦等，各式各樣在平凡的社會環境中，活出他們基督信仰的信徒。

外，更重要的是，該校師長大多秉持著天主教主業團的信仰，工作認真，輔導老師比例特別高，並且個個以身作則，對人格養成教育特別有成效。頗有我國古代教師「傳道」的意味。

IESE的影響力投資教育內容豐富，其中3點較有特色：

1. 快閃式的影響力投資競賽（Impact Investment Competition, IIC），做法與美國的比賽頗為不同：
   (1)每年3月，該校的「行善致富大會」選出2天，由特邀名校的學生隊伍參賽，比拚挑選企業及投資能力。參賽學校包括英國牛津大學、法國高等商學院及上海的中歐國際商學院等。
   (2)48小時前，研讀3個企業的4份事業計畫書。
   (3)比賽當天，每個計畫簡報10分鐘，不可問問題。
   (4)分別做盡職調查，每個計畫有15分鐘的快問快答。
   (5)投資決策的討論與決定。
   (6)與企業議定價格及投資條件。
   (7)交互切磋與回饋，包括商業模式、簡報技巧、盡職調查等。
2. IFIC學生影響力投資基金：由學生出資，學生管理，賺錢不分紅，用以支持其他影響力投資相關活動，包括年度大會，以及幫助學生到影響力投資機構實習或工作等。

3. IMPACT是該校一個大型研究計畫，打的是「歐洲盃」，聯合數所歐洲的大學共同研究，並想辦法填補影響力投資目前的「缺口」，包括公司層面的研究、產業方面的研究，以及國家或歐盟方面的研究。

創新推動影響力投資教育

任何產業的興起，都有大學在背後發揮重要的作用。例如誰都知道矽谷的發展離不開史丹佛大學、加州大學柏克萊分校，以及附近眾多的優質大學。而著名的波士頓128號公路的高科技聚落，也與麻省理工學院、哈佛，以及全球最密集的波士頓大學群有關。

華爾街有紐約大學及華頓商學院，而生技產業在各有著名大學的聖地牙哥、休士頓及西雅圖的發展也就完全可以理解。甚至AI的萌芽與發展，根本就是來自各個頂尖的研究型大學。

影響力投資的發展自然也不會例外，無論中外。

大學的影響力投資教育，大致可分成3個方面：人才教育、主題研究及產業推廣（包括比賽、活動及社群建立）。

整體看來，歐美各個大學在影響力投資方面頗有爭先恐後之勢，也有爭奇鬥豔之意。畢竟對一個新興產業，大家的前期累積相去不大，人人都有跑在前面的可能。

　　亞洲的大學似乎在這方面的發展較慢，連「比較進步」的日本及新加坡，在影響力投資教育方面的發展也都相對有限。

　　影響力投資有非常遠大的發展前景。對於有心想要出國留學的年輕朋友，或者目前已經在相關產業（例如投資）的專業人士，或者有志轉行投入這個有意義、有發展的產業，這些學校提供很好的學習機會，也可以作為參考。

　　另外一項前面並未提及的共同點就是，除了有對學生的「教育」，對社會的「研究」之外，上列每一所學校都非常積極地提供影響力投資相關的「高階主管教育」。包括短天數的影響力投資課程，以及在長期學歷課程（如EMBA）中，建置大量的實作活動及學習課程。

　　或許有人認為這是頂尖商學院的「搶錢」行動（因為課程都非常貴），但其實這是一流大學在實踐其重要的社會責任。尤其面對新興產業（如影響力投資），教育及培養社會上事業有成的菁英份子，非但能造成最大、最即時的效應，有利於大幅推動影響力投資，也實踐了終生學習的好習慣。

　　另外一個已經提及的共同點是，每所大學在發展影響力投資教育的過程中，都有找到一家甚至數家知名業者配合演出。大學推動產業，也提升自我，這絕對是個多贏的局面。學生結合了理論與實務，學校（及教授研究員）獲得了經費及實務演練，業者得到了理論、研究、人才及好名聲，整個社會當然也

因為影響力投資的產業提升而受益。

　　前述的案例顯示，校企之間，甚至可以跨國合作。例如美國華頓商學院與英國橋影響力基金合作；而英國牛津的合作對象，則是來自加拿大的美國人斯柯爾。

　　筆者預測，我國大學教育開始或增加影響力投資的比重，是必然趨勢。我們可以自行發展，也可以在某些主題上與其他國際名校合作，例如SIB、信仰投資或競賽。畢竟，大家都認為，影響力投資的發展是「團體運動」，愈開放，愈結合，力量愈大。

　　而校企合作，則可不分國內國外，可以與國內金融機構合作，也可以與國際知名業者或協會合作，迅速有效地拉高我們的影響力投資教育，以及跨國合作空間。

第18章

各國政府都在做什麼？

2013年，作為影響力投資重要的領頭羊，又身為8大工業國東道主，英國在G8峰會上，於倫敦舉辦了首屆「G8社會影響力投資論壇」（The G8 Social Impact Investment Forum），邀請了全球150個影響力投資相關的重要機構（政府、慈善基金、投資界、企業界）參加。

這是自2007年洛克菲勒基金會在義大利召開會議，創建「影響力投資」名詞後，一次重大的提升。除了參與機構數量大幅增加外，更重要的是，世界8大工業國政府的正式參與。

影響力投資就是一場「調動私人資本，促進公共利益」的運動。政府的角色複雜，既是遊戲規則制定者，又是實際的參與者（包括資本）；是出錢的買家，也是成果的受益者；可以是推動者孵化者，也可以是標準制定者及驗收者。必需與民間合作與互動的程度，可能比以往各項事務更深、更密切。

　　2013年的G8社會影響力投資論壇影響深遠。會上，年輕的英國首相卡麥隆宣布成立「全球影響力投資工作小組」（Global Social Impact Investment Taskforce），由影響力投資界鼎鼎大名的羅納德‧柯恩爵士（他同時也是英國半官方的「大社會資本」董事長）擔任組長，負責領導各成員國影響力投資工作的推動。

　　同時，在工作小組的建議及協助下，在各國成立了「國家諮詢理事會」（National Advisory Board, NAB）。諮詢理事會代表各國，在自己國家推動影響力投資。次年，各國諮詢理事會都如期向工作小組報告了該國影響力投資概況、面對的挑戰、政府的計畫及未來的展望等，並與其他成員國交換心得與意見。

　　2015年，為擴大影響力投資在全球的發展，工作小組擴編改組成立「全球影響力投資指導小組」（Global Steering Group for Impact Investing, GSG）。各國成員都是最高級別的政府辦公室，或搭配一所頂尖大學，或具有代表性的影響力投資機構（官方或私立）。至2021年，全球影響力投資指導小組的會員有33國加上歐盟，亞洲會員國則有日本、韓國、印度及孟加拉。

　　自此，多國政府已經正式進入了影響力投資的領域，開始與民間互動，並扮演著重要角色。

究竟，政府想要推動影響力投資，能做些什麼？通常可以有下列幾個方面的角色。

1. 支持與獎勵（准入及減稅）：

方法很多。例如資金准入，透過修訂法令，改變某些政府基金（如勞退基金）及非政府基金（如慈善基金會）的投資範圍，讓這些基金可以投入影響力投資領域。甚至搭配投資，政府可以設定搭配投資方案，讓官方及半官方基金搭配民間基金，共同投資某些影響力企業。

或者也可運用獎勵措施，對於達到某些標準的投資機構（金融機構）給予實質獎勵或榮譽表揚。更直接地，稅收減免，可以給影響力企業，也可以給影響力投資機構及個人。

2. 推動影響力投資的文化及能力：

鼓勵設立產業協會，讓協會來制訂標準、分享經驗、推動立法、建立社會共識。官方舉辦或鼓勵舉辦各種論壇，宣導影響力投資。官方自行或委託（學校或研究機構）研究。鼓勵產官學合作，開設課程，培育人才，舉辦比賽或相關活動。

更直接地，培養影響力企業，自行或聯合其他機構，共同成立影響力投資孵化器，給予培訓、指導、連接人脈及資源。

3. 採購影響力企業的產品或服務：

　　這是助益影響力企業非常直接有效的方法。政府部門及相關單位的採購力量相當龐大，如果能鼓勵或動員社會其他企業的參與（採購），那就更有幫助了。

4. 直接投資，更可聯合慈善界及投資界，發揮槓桿效益：

　　最有力量的表態，就是政府直接投入影響力投資。或可改變原有投資資金的方向，投資影響力企業，或可編列新的預算，設立專屬基金。為了擴大影響力，政府也常將官方資金作為槓桿，與私人資本搭配，共同投資。

　　政府資金也常與慈善基金合作，提供影響力企業在初創時期，墊底的長期資本，或稱之為「耐心資本」（Patient Capital），願意承擔較大風險，不求短期回報。對於募資最困難的時期，確有莫大幫助。

　　各國做法多元。限於篇幅及個人知識，無法一一。下面試舉若干各國例子以為參考。

英國

　　英國除了對全球影響力投資的推動做了上述貢獻外，當然

也希望在國內加快腳步。尤其他們發現60%的英國民眾對影響力投資感興趣，但是只有9%曾經投資影響力企業。

因此，2016年，他們又成立了一個獨立的執行工作小組來研究回答：如何讓一般民眾可以輕鬆參與影響力投資。

1年後，2017年底，他們對於政府、金融機構、金融監管機構、公司企業、教育研究機構等提出50多項建議，包括掃除障礙、減稅，以及建議金融機構設計簡單易懂的影響力投資產品給普羅大眾等。2018年3月，英國首相梅伊（Theresa May）任命該工作小組負責人，開始全面執行他們所提出來的建議。

2019年，如第十六章所述，英國政府整併了「國家諮詢理事會」及「英國培養社會影響力投資文化的執行小組」，成立了「影響力投資協會」，是為政府最高層面研究及推動組織。

這些年來，政府除了研究及推廣外，也做了不少實際行動，來促進影響力投資在英國的發展。

其中減稅是最實質的鼓勵。除了對合格的影響力企業有優厚的稅收減免外，也對投資人進行投資抵減，稱做「社會企業投資抵減」（Social Investment Tax Relief, SITR），鼓勵長期投資影響力企業。投資當年，可就其投資額，申請30%的所得稅減免，若投資不滿3年，其抵減將被收回。

此外也透過政府採購，中央及地方政府帶頭採購影響力企

業的產品及服務。英國政府年度採購金額達2,400億英鎊，政府採購優先考慮影響力企業，對他們實質幫助很大，社會影響也很好。

另外，英國政府1,600萬筆職工退休金帳戶超過3,000億英鎊。國家諮詢理事會認為這筆巨大的財富，可以在影響力投資裡發揮巨大作用，遂建議英國政府逐步提撥，投入影響力投資。

英國政府也與大學合作，例如與思克萊德大學（University of Strathclyde）及零廢棄蘇格蘭組織（Zero Waste Scotland）合組蘇格蘭再製造研究院（Scottish Institute for Remanufacture, SIR），促進循環經濟。

也與牛津大學合作，成立「政府成果實驗室」（Government Outcome Lab, GO Lab），以全面且系統的方法，研究社會問題的關聯關係，及以成果為導向的解決方案。當然有很多影響力投資方面的研究與建議，特別是在社會影響力債券（SIB）方面，以及設計影響力投資新工具。

美國

如同其他國家的國家諮詢理事會一樣，美國的諮詢理事會也在2014年6月提交了一份美國的影響力投資報告，名為《私有資本，公眾利益》（*Private Capital, Public Good*），報告副標

題是：「有智慧的聯邦政策如何加速推動影響力投資，並兼論
其急迫性」。

　　報告全面檢討了美國影響力投資的現況，還有哪些資源可
以投入，以及有哪些困難障礙。並從3個方面對美國政府做了
建議，包括：1.去除障礙，解鎖私人資本；2.提升政府部門效
能；3.給予激勵獎勵。

　　2015年，美國聯邦稅務局（IRS）針對慈善基金會的
投資規範，發表了一份稅務指南，明確說明「使命型投資」
（Mission Related Investments, MRI）＊不違背慈善機構宗旨，不
會受到稅務罰則。此舉，直接打開了美國慈善機構及大學基金
1.4兆美元的大門，讓他們可以參與影響力投資。

　　其後，國家諮詢理事會改組成比較非官方層面的「美國影
響力投資聯盟」（The U.S. Impact Investing Alliance），並下設
兩個機構：產業諮詢委員會（Industry Advisory Council, IAC）
及影響力投資總裁理事會，分進合擊，共同推動美國公私部門
的合作，提升影響力投資。

　　美國影響力投資聯盟接手國家諮詢理事會後，代表產業遊
說政府，成效卓著。例如《2017減稅及就業法案》（Tax Cuts

＊　MRI同時追求財務利益及社會／環境利益，其實就是影響力投資的另一名
　　稱。此前稅務規則不明確，美國慈善機構沒人敢碰。

and Jobs Act of 2017）裡，就規定私營資本在「機會地區」（也就是欠發達地區）投資得以減稅，以引導私人資本，長期投資弱勢地區的社區發展。

再例如，成功說服敵對的兩黨共同努力，立法完成了《為成果付款法案》（The Social Impact Partnerships to Pay for Results Act, SIPPRA）。自此，社會影響力債券（SIB）有了明確法源，聯邦及地方政府得以正式編列預算，邀請私營資本，分攤風險，以創新的財務安排，為成功成果付費，更有效地使用納稅人資源。

該聯盟也與許多官方半官方的投資機構合作，發掘影響力投資資金更多的財源及機會。再加上美國官方向來積極，因此，官方的影響力投資非常之多，非常之大。歐巴馬時代就多次編列預算，投入 SIB 及其他影響力投資。

例如，2011 年歐巴馬政府編列 10 億美元，投入「小型企業投資公司」（SBIC），專門投資在政府明確定義的「優先地區」的小型企業。這筆預算有兩個目的：1. 投資有發展的小型企業，創造利潤及就業；2.活絡影響力投資產業。

再例如，美國政府透過「海外私人投資公司」（Overseas Private Investment Cooperation，下稱 OPIC）*來進行海外的影

---

* OPIC 是典型的公私合作，混合了公私部門的背景、資金、資訊、政策、市場等諸多力量，幫美國政府及企業在國際上開拓市場，增加影響力。

響力投資。OPIC長期以來都是影響力投資的大咖，不僅僅投資金額大，也創新了不少影響力投資的融資工具。僅2017年OPIC就投入17億美元，在52個影響力投資項目，包括農業、教育、健康醫療、再生能源、基礎建設等。

OPIC善於與其他機構合作，共同做大投資規模。例如，2019年10月與美國兩家影響力投資機構合作，成立一個5,500萬美元的「影響優先發展基金」（Impact-First Development Fund），以及9月時，與美洲開發銀行合作，共同在拉丁美洲投資10億美元。

不讓歐巴馬專美於前，商人出身的美國總統川普，也對海外影響力投資頗感興趣。例如，他於2018年簽署《優化投資促進開發法案》（Better Utilization of Investments Leading to Development, BUILD），將合併OPIC及美國國際開發總署（USAID）的一個部門，成立新的聯邦機構「美國發展金融公司」（The U.S. International Development Finance Cooperation, DFC），用以進行更大規模的海外影響力投資。

另外，「社區發展金融機構」（CDFI）初始於1960年代末，為了拯救社區、消除貧窮而成立。經過長時間的發展，以及多次法令修改，讓地方金融機構得以成立，得以獲得主流銀行的投融資，得以獲得聯邦政府的搭配投資資金。CDFI將資金用於社區發展，包括社會住宅、微型貸款、創造就業、改善

基建等社區型項目。

　　CDFI性質私營，但在指定的地區，做指定範圍內的事。因而，可以得到政府資金或稅收減免。CDFI的目的在解決社會問題，但是又追求合理財務報酬，是典型的影響力投資。也是典型的政府運用法令及資源資金，來幫助影響力投資的發展，進而解決政府希望解決的社會問題。

　　目前美國合格的CDFI約有1,000個，在不同的地區，因地制宜，做不同類別的金融服務（有銀行、有純貸款、有投資），服務不同的當地人群，包括美國原住民。因此有5至6種不同法律型態的CDFI，有大有小，淨資產合計超過1,000多億美元。僅2016年，CDFI投融資36億美元給13,000家企業，及33,000戶社會住宅。

　　美國到底是老牌資本主義國家，清楚地認識影響力投資這個重要的金融變革，會對人類社會及金融市場帶來深遠的影響。即使是與政府相關的影響力投資，花樣也多，金額也大，應該是全球最積極的國家。

　　再來看看我們的鄰國。

日本

　　日本的國家諮詢理事會也在2014年6月完成了一份完整的

報告及建議，檢視了日本影響力投資的供給與需求，坦承日本當時還在最初級的發展階段（只有各自點狀創新）。對日本政府的建議主要為：1.如英美兩國，給予日本社會企業明確的法律定位及相應的優惠（如稅務）；2.加強各方能力的培訓，包括平台及孵化器。

　　5年過去了，在日本國家諮詢理事會及日本社會影響力投資財團（SIIF）＊共同舉辦的「日本2019影響力投資論壇」上，日本笹川平和財團發表了一份研究報告，發現社會上對影響力投資的認識不足，並對於不少上述建議，又舊事重提。可見政府在這方面的進展，包括修法，並不特別理想。

　　但是，在另一方面，日本的永續投資資產（範圍包括影響力投資），由2016年的0.5兆日圓，增長到2019年的2.3兆日圓，卻不可謂不快。這其中，特別是影響力投資方面，政府的直接貢獻很大。

　　例如，第十二章提過的日本東協婦女賦權基金，就是影響力投資基金，由日本政府發起，出資2.4億美元，投資東協70萬名婦女創辦的小型企業。再例如，日本ESG投資的最大

＊ 日本社會影響力投資財團（SIIF）是投資機構，也是智庫。SIIF聯合其他金融及投資機構，投資影響力企業。也做影響力投資研究，舉辦各種活動，建立日本影響力投資社群。SIIF由「日本財團」（The Nippon Foundation）資助成立。而日本國家諮詢理事會的祕書處及日常業務都設在「日本財團」中。

推動者，應該是日本政府養老投資基金（Government Pension Investment Fund，下稱GPIF）。該基金的資產約1.6兆美元，是全球最大的養老基金。

2019年8月，GPIF與「亞洲開發銀行」（Asian Development Bank, ADB）合作，透過亞洲開發銀行發行的綠色債券，來投資綠色項目。類似的合作很多，例如2019年5月，GPIF也與世界銀行（World Bank, WB）達成協議，投資該行的綠色永續債券。

這些都是GPIF執行董事暨投資長水野弘道（Hiromichi Mizuno）的傑作。水野自從2015年上任以來，就關注國際ESG指數，積極推動永續投資。他有意把GPIF的永續投資，在短期內提升至10%以上，這是1,600億美元的巨大金額。水野說，他們接下來關注的主題，也將包括婦女創業就業的融資需要。

誰能搶到這些大餅呢？

新加坡

一家名為「不太便利店」的便利商店，明亮整潔的外觀與招牌，與一般便利店全無二致。進去後，陳列的全是環保產品，如竹製牙刷、堆肥桶、迷你太陽能充電器等，而且全是非賣品。看來是一般便利店，便利不環保；不太便利店，環保不

便利。

這其實是「淡馬錫店屋」（Temasek Shophouse）的陳列室，用以反諷及提醒我們便利不環保的生活。

「不太便利店」的隔壁，是一家雇用身障人士，講究環保意識的咖啡廳——Foreword Coffee。這兩家都坐落在一棟剛剛用心經過翻修的典雅古舊樓房「店屋」裡，這是淡馬錫社會影響力的搖籃，該集團的慈善部門及影響力投資也落戶於此。

淡馬錫是世界知名的新加坡主權基金。2019年6月3日，在淡馬錫店屋開幕式上，集團董事長林文興親自介紹了他們5月份剛成立的ABC World Asia影響力投資公司，其目標就是打造一個ABC世界：活躍（Active）的經濟、美麗（Beautiful）的社會及潔淨（Clean）的地球。

其後，ABC World Asia迅速地在2019年10月下旬，募集完成了第一個影響力投資基金，2.825億美元將投資在南亞、東南亞及中國大陸，專注聯合國17個永續發展目標中的6項，包括教育、創造就業、消除不平等、基礎建設、永續生產及消費，以及永續城市及社區。

ABC World Asia執行長David Heng表示，亞洲的影響力投資具有很大的發展空間，但目前該產業仍處於起步階段。亞洲地域的複雜社會環境，將為投資者帶來影響力投資的重大潛力。

的確。目前已有若干國際知名的影響力投資基金進駐新加坡，作為投資亞洲的據點。新加坡金融管理局（MAS）也頒布很多政策與法規，鼓勵企業、個人及慈善機構，創新投入影響力投資。新加坡金融管理局也舉辦很多活動，來推廣並建立影響力投資社群，有意與香港一別苗頭，爭做東南亞影響力投資龍頭。

國家角色的未來展望

其實當然不只這些國家，在用力推動影響力投資。事實上，亞太地區53個政府都制定了「實現永續發展目標亞太路線圖」。菲律賓一項包容性企業認證計畫絕對全球首創；韓國的社會企業經濟早已蓬勃發展；泰國政府也在大力推動《社會企業法》及《影響力投資法》；「聯合國亞太經社會」（UNESCAP）也發起了幾個永續發展投資平台，交換心得、建立社群⋯⋯

影響力投資，利國利民，關乎全球，也連結國際。私人資本，服務公眾利益；政府角色複雜，責任重大。

2012年，英國政府修法，運用4億休眠帳戶資金，加上四大銀行投資2億，創辦了大社會資本。讓大社會資本帶著資金與資源，實質推動英國的影響力投資。2013年英相卡麥隆在

G8會議上說到這件事：「我們要大膽一點，讓美夢成真。幾百萬英鎊永遠也成不了氣候。」

有的時候，政府總擔心圖利他人的批評，而畏手畏腳，錯失良機。其實，只要是對的事情，又確無私心，雖千萬人，吾往矣。

幾點思考

1. 我們政府可以做些什麼來提升台灣的影響力投資？
2. 社會及環境問題常是全球性的，因此，國際合作往往必要且受歡迎，我國可以有什麼做法？以影響力投資作為槓桿，增進人類福祉，賺取合理利潤，並且活絡外交，提升國際能見度？日本東協婦女賦權基金可否參考？其他呢？
3. 台灣有沒有什麼巨大的綠色項目，可以邀請世界級的基金，例如日本政府養老金投資基金來投資？

義利雙收——
要坐而言，更要起而行

義利並舉的新時代

場景拉回2007年，義大利古城貝拉喬柯夢湖畔的洛克菲勒中心。

慈善界、金融界、企業界大佬們鑄造「影響力投資」這個名詞時，念茲在茲的大願：**調動全球私人資本，解決日益嚴重的公共議題。**

十多年過去了，環境問題並未減輕。2018年全球碳排放量又創新高，全球暖化也未停止，冰川迅速消融，極端氣候肆虐，大火大旱颶風淹水，都是新常態。

而所有社會問題，不論是教育問題、醫療問題、糧食問題、社會住宅問題、潔淨飲水問題、公共衛生問題，基本都是貧富不均的問題。占領華爾街、法國黃背心運動，底層原因，

基本雷同。

　　但，真正嚇到我的是：2019年全球後段班（比較貧窮的38億人）的所有財富總合，等於全球最富有的26位超級富豪的財富總合。可怕吧！26人擁有38億人的財富。而這個數字在2017年為43人，2016年為61人，快得嚇人。

　　全球環境問題及社會問題，嚴重性持續破表。

　　大佬們，你們失敗了嗎？你們失望了嗎？

　　我想，這個結果雖非他們所樂見。但是，也所幸當時有了這個決定，並開始大力推動影響力投資，全球已有非常多的政府、非營利慈善及研究單位、金融機構、企業界及大學，紛紛邁向影響力投資的朝聖之路。眾多協會及學會深入研發，創造各種工具、建立社群、分享成果、相互學習，共同孵育這個有著巨大意義的影響力投資產業嬰兒。

　　2019年專業機構所管理的全球影響力投資資產已達7,000多億美元，在這種新創的資產類別，投資在實體資產、未上市公司及上市公司。

　　雖然尚未扭轉社會及環境的問題，但是運用私人資本，解決公共議題的風潮已起。雖然不能完全歸功柯夢湖畔的會議，但是無風不起浪，他們吹起的那陣風，來得正是時候。適當的時候，做適當的事，就是「義」！

展望未來

影響力投資長路迢迢，並非全無障礙。目前看來比較大的困難在於：標準統一的影響力評估及報告方式、慈善資金准入的法令規定、受託責任的界定與執行、魚目混珠的擔憂（當然也有不肖份子）、犧牲利潤換取影響力的疑慮等等。

所幸，逐漸有更多的研究，證明其實利潤與影響力可以兼得，也因此，更多的政府願意開放更多資源投入，當然也包括解鎖得以免稅的非營利資金。

真正困難的在影響力評估，因為類別甚多，很難跨類比較。目前的做法多半同類比較，也同時比較數量與質量。許多國家級的機構、協會／學會、金融機構、公私立大學，甚至國際級的機構，例如IFC國際金融公司都自發地投入大量資源，已經研發出不少可用的評量工具，相信未來會更趨完善。

一路走來，面對影響力投資的發展，幾個有意思的現象與你分享：

1. 千禧世代，影響力投資的生力軍：

大量的年輕人對影響力投資深感興趣（摩根士丹利2019年的研究說95%，美國銀行則說85%），但目前只有少數人已經開始。表示這個市場的需求潛力還非常大。

　　我們對這說法毫不意外，因為年輕，有正義感，也因為
年輕，所以更在乎2060年代的世界，全球暖化是否淹沒曼哈
頓、空氣是否乾淨、要不要戴防毒面具等問題。

　　據估計，未來20至30年內，千禧世代將從嬰兒潮世代繼
承巨額財富（約40至50兆美元），加上他們自己的努力，使
他們有資本，投入影響力投資，改善他們自己未來生活的世
界。

2. 影響力指數，讓上市公司成為舞台：

　　2016年開始，金融機構編制了影響力投資股票指數。目前
美國已有300多檔影響力投資相關的共同基金及ETF，這方便
各級投資人，依照自己的價值觀，選取想解決的社會或環境問
題，來進行影響力投資。

　　方便，當然會帶來更大的資金量。但真正的重要性，卻遠
不止於此。哈佛商學院教授維克拉姆·甘地（Vikram Gandhi）
說，即使那些不在影響力指數成分股的公司，也會想方設法，
改善自己，企圖擠進成分股，獲得投資者的青睞。

　　這項改變的影響，多元而巨大。主流資本市場，終將成為
影響力投資的主戰場，而龐大的主流資本，也將逐漸轉向解決
全球問題的主力部隊。

3. 修課人數，悄悄點燃引爆點：

　　華頓社會影響力中心（WSII）的一次座談中，華頓商學院財務管理教授克里斯多福‧傑克斯（Christopher Geczy）說：「最近選修我影響力投資課程的學生數，已經超過傳統財務投資課的人數。」他說，這象徵著影響力投資這個「品牌」，已經到了引爆點。

　　或許你會認為這個以金融投資見長，出產最多億萬富翁的商學院，學生通常以賺多少定高下，其選擇一定相當「市儈」。但是，也或許，學生們更有興趣「賺有意義的錢」，這句如同跳蛙投資天才創辦人安德魯‧庫珀常掛在嘴邊的話。

　　這是件很小的事，但，見微知著。

「永續投資」家族大，兄弟姊妹滿天下

　　經常有朋友聊起一些與影響力投資相關的做法與名詞，例如社會企業、社會責任投資（SRI）、ESG投資、慈善創投、B型企業、自覺資本主義（Conscious Capitalism）、企業社會責任（CSR）、3P企業（People、Planet、Profit）、永續經營企業等等。究竟有何異同？

　　其實，他們之間交集大，差異小，都屬於「行善資本」，分列在只追求利潤的傳統企業，以及只追求（社會、環境）影

響的慈善機構的兩極之間。他們都是所謂「富有使命的投資」
（Mission-related Investment），也就是我所說的「行善資本」大
家族。他們同時追求投資利潤及社會效益，只不過側重點有所
不同。

　　以社會企業為例，一般的認知裡，社會企業更偏重社會效
益，尤其是早期的社會企業，也因此，有時也比較會賣「愛
心」。再則，社會企業的投資人，通常比較會投資更前期階段
的社會創業，提供的是可能風險更大、時間更長的耐心資本。

　　而影響力投資，一開始就強調雙底線（財務及影響），靠
的是企業思維（可複製、可擴大）、市場模式（不是愛心），
重視社會效益的「改變理論」及達成的方法，並且大量研發社
會效益的評量工具與報告標準。

　　影響力投資人採取參與式管理，督促影響力的達成，甚至
逐漸開始有「合約」規範，要求即使售出持股，都要保持原先
的影響力模式及力度。但社會企業比較少討論出場策略。

　　這一切的差異的來源在於，雖然兩者都在解決社會問題，
但是，影響力投資的真正使命是：「調動主流的私人資本，解
決日益嚴重的公共議題」。所以才這麼重視市場及利潤。除了
投資人的覺醒，一定要有利潤，才能達到上述目的。

　　當然，也有些差異來自於不同的時間段、不同的工具、思
潮的演變，以及不同的定義。以發展時間早晚來說，社會企業

是為先行者，而影響力投資則是進階版。

　　區分他們的「異」，不如看他們的「同」。上列這些用不同的投資方式與期待，以善為本，分進合擊，促進社會往好的方向發展，都是永續家庭的一份子。

坐而言，起而行

　　讀到這裡，希望本書已經帶給你影響力投資的基本概念，也希望你對影響力投資產生興趣，願意繼續探索與學習。當然，更希望你認真地問：我想做影響力投資，下一步該怎麼做？

　　協作。21世紀，很少有什麼事情可以獨自完成。即使像蘋果公司資源這麼豐富的公司，想幫忙解決加州住房困難的問題，都要與政府、非營利組織及相關專業公司共同合作。

　　如果，我們想要以影響力投資，來解決某類社會或環境問題，不要以為非得自己在非洲建學校，或在偏鄉捐醫院，才能實現理想。我們可以集合眾人之力，也完全可以參與創業者、金融機構、產業專家，甚至政府，攜手共建的事業體。如果，你像我一樣，是個普通的投資人，給你建議如下。

1. 充實知識，了解自己：

投資（包括影響力投資）是個知識密集的行為，不論你是自行投資或委託專家，自己懂，很重要。

投資前，要先定義自己的投資策略。必須認真問自己：資金的多寡、期間的長短、風險的承受、有興趣的影響力範疇（全球暖化或幼兒教育），以及有多少時間及能力（包括知識）參與所投資的項目等。

要知道，影響力投資未必適合每一個人，或人生的每一個階段。

2. 與人交流，請教理專：

每一次討論，都有可能教學相長，也有可能增加一位新的影響力投資者。影響力投資者愈多，其可發揮的威力就愈大，投資者也更有機會獲利。

請教理專，看他能給你什麼建議、什麼投資機會，無論國內外，可否適合你的投資策略。如果問得人多了，說不定可以催生新的基金或方案。

3. 尋找標的，開始投資：

可以先從自己持有的投資（股票）開始上手。檢視哪些投資符合你的興趣，刪掉不合的，加碼相符的。再根據自己的興

趣及策略，尋找並研究新的投資標的。這是網路世界，國內外資訊暢通無阻，全球影響力投資聯盟有免費資料庫，可以搜尋各種專業基金。另外國內有活水社投，專注投資新創事業。

資本市場上有影響力指數（如大摩全球永續影響力指數），可以研究某一指數的成分股，可以買它的ETF，也有很多相關的共同基金可以選擇。國內當然也有不少好的上市公司，可以先從注重公司治理、CSR表現良好的公司開始篩選。

如果你是金融從業人員，或想要涉獵影響力投資，無論是否有意做產業內影響力投資的先鋒，我的建議是：

1. 更加努力充實自己，上網、看書、修課，參加社團及活動。
2. 在符合受託責任（Fiduciary Duty）的條件下，開始試著把「影響力」因素，放入你的投資選股標準，或者作為股票推薦標的選項。
3. 研究部門就CSR評價高的公司，匹配個股對聯合國永續發展目標（SDGs）的貢獻度，選取一籃子股票，作為你們的影響力投資股票。其應用可能性，當然相當廣泛多元，或許可以呼應客戶的需要，發掘新的利潤增長點。

如果你是慈善基金會、非營利機構,或甚至政府相關基金(退休基金),請自問:影響力投資有無可能成為一項新增的投資類別,得以分配部分資金,進行投資?如果可以:

1. 增加研究,聘請專業,按照你們的價值觀,設定影響力目標,建構投資策略,分配小額資金,開始試行。再檢視財務目標及影響力目標的達成情況,以訂定下階段做法。

2. 可以自己做,也可以委託專業機構。根據自己的策略目標,量身打造,合乎自己要求的影響力投資組合。

3. 影響力投資產業接下來要做的事情非常多,經常需要跨領域,甚至跨文化的合作。如果有興趣,甚至可以參與影響力投資產業的研究、教育及推動。不但可以與國內的大學、協會及政府合作,也有很多機會與國外的大學、協會、金融機構,甚至政府互動,促進台灣影響力投資的國際合作。

推動影響力投資,利國利民,利人利己。這份貢獻,有如洛克菲勒會中大佬,應當不小於其他慈善捐款。

如果你是在企業的工作者,不論是大老闆、小職員或是專業人員,都可以用聯合國永續發展目標(SDGs)為基準,從

不同面向來檢視公司的影響力，根據公司的企業價值及核心能力，訂定提升企業影響力的策略及執行方案。這麼做，對內，更能凝聚企業向心力，吸引優秀人才；對外，可獲得更多消費者及投資者的認同，進而增加收益，吸引投資。

　　全球影響力投資雖然還在初級階段，但是國際上的知名大學、產業協會、專業影響力投資機構及服務公司、金融巨頭，以及各國政府，看待影響力投資，既像雨後春筍，又似破曉朝陽，談論、學習、推廣、執行的人絡繹於途。

　　歡迎我的讀者，加入影響力投資的行列，無論你什麼時候加入，無論你在哪裡加入，你，都不會落單。

　　最後，祝福我的讀者，數著鈔票，改變世界。行善，而致富。個人的小富，乃至人類的大富！

致謝

　　書，寫完了。想想這段期間，有這麼多好友，以各自不同的方式，幫我的忙。心，閒散在冬日的陽光，喜孜孜，暖洋洋，都是緣分，滿是感激。

　　這本書得以問世，首先要感謝摯友王淮。去國多年，久未謀面。但歷經起伏，竟又走上相同的大道，都想推動善行資本，為社會多做點事。他鼓動我寫，細讀草稿，認真建議，也包容我的未必採納。更調動兵馬糧草，解決出版的大小瑣事。這本書，王淮是我的夥伴。

　　老友之外，也有一見如故。安本標準投資管理的Michelle馬文玲總經理、Nicole簡幸如經理，以及中華公司治理協會劉文正理事長（時任），都是初次見面，就直奔主題，長談之後，就決定義助。

　　口頭之外，出錢出力，動腦動手，不但完善了出書的計畫，甚至鋪墊了出版之後的推廣活動。我當然知道，他們並非因為我，而是因為一件有意義的事：在台灣推動影響力投資。

但這對我助益良多，特此申謝！

　　由衷感激柯孟瑜。在她最忙碌的季節，擠出寶貴時間，認真校正文稿，給我寶貴建議，大幅提升了本書的可讀性。當然文化人莊進華的士詠藝術印刷也是本書的幕後英雄。

　　政大企研所的學妹謝芷頤及學弟林品瑄作為本書的研究助理，豐富了本書的視角及內容，提供了不少好的建議，提升了本書的效率及品質，幫了我好大的忙。這兩位學弟妹都是政大商學院別蓮蒂教授的學生，名師高徒。

　　事實上，我特別感謝別老師，縱然忙得不可開交，但永遠第一時間回覆我的提問，更婉轉地給我鼓勵與點撥。別老師學問大、見識廣，真誠謙和，對社會有大愛，是我學習的榜樣。

　　想用影響力投資的精神——Do Well by Doing Good作為書名。搔頭晃腦，找不著中文正解。飯友哥們汪其桐，神來之筆，「行善致富」成了本書副書名。其桐不僅中英文俱佳、學養豐富、為人風趣，又特別仗義。這些年的風風雨雨，身旁，總有這位附中學長幫我一起撐著。

　　這幾個月，宅家寫稿，晚睡晚起。老母親，早也念我，晚也念我，穿衣蓋被，通通要管。三餐換著花樣，也不理會我的減肥大計，總想讓我多吃點，瞬間掉回五十年前。還經常邀我下午茶（因為要我休息），也不時攜手出門運動，補充元氣，方得順利完成此書……老母呵護，更勝冬陽。

新商業周刊叢書BW0779

影響力投資
不只行善，還能致富，用你的投資改變世界

作　　　者／吳道揆
研 究 助 理／謝芷頤、林品瑄
編 輯 協 力／李志威
責 任 編 輯／鄭凱達
企 劃 選 書／陳美靜
版　　　權／吳亭儀
行 銷 業 務／周佑潔、黃崇華、林秀津、賴晏汝、劉治良

總 　 編 　 輯／陳美靜
總 　 經 　 理／彭之琬
事業群總經理／黃淑貞
發 　 行 　 人／何飛鵬
法 律 顧 問／台英國際商務法律事務所　羅明通律師
出　　　版／商周出版
　　　　　　臺北市104民生東路二段141號9樓
　　　　　　電話：(02) 2500-7008　傳真：(02) 2500-7759
　　　　　　E-mail: bwp.service @ cite.com.tw
發 　 　 　 行／英屬蓋曼群島商家庭傳媒股份有限公司　城邦分公司
　　　　　　臺北市104民生東路二段141號2樓
　　　　　　讀者服務專線：0800-020-299　24小時傳真服務：(02) 2517-0999
　　　　　　讀者服務信箱E-mail: cs@cite.com.tw
　　　　　　劃撥帳號：19833503　戶名：英屬蓋曼群島商家庭傳媒股份有限公司城邦分公司
訂 購 服 務／書虫股份有限公司客服專線：(02) 2500-7718；2500-7719
　　　　　　服務時間：週一至週五上午09:30-12:00；下午13:30-17:00
　　　　　　24小時傳真專線：(02) 2500-1990；2500-1991
　　　　　　劃撥帳號：19863813　戶名：書虫股份有限公司
　　　　　　E-mail: service@readingclub.com.tw
香港發行所／城邦（香港）出版集團有限公司
　　　　　　香港灣仔駱克道193號東超商業中心1樓
　　　　　　電話：(852) 2508-6231　傳真：(852) 2578-9337
馬新發行所／城邦（馬新）出版集團
　　　　　　Cite (M) Sdn. Bhd.
　　　　　　41, Jalan Radin Anum, Bandar Baru Sri Petaling, 57000 Kuala Lumpur, Malaysia.
　　　　　　電話：(603) 9057-8822　傳真：(603) 9057-6622　E-mail: cite@cite.com.my

封 面 設 計／萬勝安
印　　　刷／鴻霖印刷傳媒股份有限公司
經 　 銷 　 商／聯合發行股份有限公司　電話：(02) 2917-8022　傳真：(02) 2911-0053
　　　　　　地址：新北市新店區寶橋路235巷6弄6號2樓

國家圖書館出版品預行編目（CIP）資料

影響力投資：不只行善，還能致富，用你的投資改變世界／吳道揆著. -- 二版. -- 臺北市：商周出版：英屬蓋曼群島商家庭傳媒股份有限公司城邦分公司發行, 2021.08
　　面；　公分. --（新商業周刊叢書；BW0779）
ISBN 978-626-7012-09-3（平裝）

1.公司　2.企業管理　3.投資

553.97　　　　　　　　　　　110010085

■2021年8月5日二版1刷
■2024年1月10日二版2.6刷

Printed in Taiwan

城邦讀書花園
www.cite.com.tw